A BILINGUAL DICTIONARY OF SCHOOL TERMINOLOGY

English - Spanish

BY

BARBARA THURO

A BILINGUAL DICTIONARY
OF SCHOOL TERMINOLOGY

Revised Edition

Copyright ● *1984, 1992, 2001*

Ammie Enterprises
Post Office Box 151
Fallbrook, CA 92088-0151

Printed in the United States of America

Library of Congress Card Catalog Number 85-070097

ISBN 0-932825-00-1

INTRODUCTION

This dictionary was prepared to assist school employees who need to communicate with the Spanish speaking members of the school population. It is intended, not only for the use of staff members who are not native speakers and who do not have the services of a translator, but also for those native speakers who have not had contact with some of the specific vocabulary needed in the school setting.

Each section is designated by a letter at the far right edge, which corresponds to the section listed in the Table of Contents.

The forms of address (familiar and formal) are usually indicated. When not indicated, the form used is the familiar, which is appropriate when addressing children.

Sentence patterns easily accommodate substitutions from the noun or verb lists in each section. The user can develop original sentences that would be appropriate for specific situations.

PRONUNCIATION GUIDE

Spanish Vowels	English Pronunciation
a	"ah" as in father
e (when ending a syllable)	"eh" as in let
e (when a syllable ends in a consonant)	"ay" as in say
i	"ee" as in see
o	"oh" as in open
u	"oo" as in moon

u is silent when preceeded by q (que = keh)

Spanish Consonants	English Pronunciation
c (followed by a, o, u or another consonant)	"k" as in come
c (followed by e, i)	"s" as in this
g (followed by a, o, u or another consonant)	"g" as in get
g (followed by e, i)	"h" as in hot
h	silent
j	"h" as in has
ll (like English y)	"y" as in yet
ñ	"ny" as in canyon
qu (followed by e, i)	"k" as in king
rr	trilled
v	"b" as in boy
z	"s" as in sun
Y (is the Spanish word for "and")	"ee" as in see

Spanish Accents

Most words ending in a consonant, except <u>n</u> or <u>s</u>, are stressed on the last syllable, (example: juven**tud**, profe**sor**).

Most words ending in a vowel or <u>n</u> or <u>s</u> have the stress on the next to the last syllable, (example: **cla**se, **te**la, panta**lo**nes.

Words not pronounced according to these rules will have an accent mark on the syllable to be stressed, (example: lec**ción**, tri**án**gulo).

TABLE OF CONTENTS

The
School
Office

A

THE SCHOOL — Facility and Personnel

General Terminology

elementary	**primaria**	school district	**distrito escolar**
kindergarten	**kinder párvulos**	school year	**año escolar**
school	**escuela**	secondary	**secundaria**
school bus	**autobús bus**		

Personnel

advisor	**consejero(a)**	school board	**mesa directiva**
advisory committee	**comité consejero**	school board member	**miembro de la mesa directiva**
aide	**ayudante asistente(a)**	secretary	**secretaria**
board of directors	**junta directiva**	specialist	**especialista**
gardener	**jardinero**	speech therapist	**terapista terapeuta del lenguaje**
janitor	**bedel portero conserje**	superintendent	**superintendente**
librarian	**bibliotecario(a)**	teacher	**maestro(a) profesor(a)**
nurse	**enfermero(a)**		
principal	**director(a)**	vice principal	**vice-director(a)**
psychologist	**psicólogo(a)**	volunteer	**voluntario(a)**
reading specialist	**especialista de lectura**		

Facility

auditorium	**auditorio**	laboratory	**laboratorio**
cafeteria	**cafetería**	library	**biblioteca**
classroom	**salón** **clase** **aula** **cuarto**	office	**oficina**
		playground	**patio de recreo**
		rest room	**cuarto de baño**
corridor	**corredor**	sports field	**campo de deportes**
gymnasium	**gimnasio**		

Office Terminology

absence	**ausencia**	birth date	**fecha de nacimiento**
absent	**ausente**	month day year	**mes** **día** **año**
address	**dirección**		
adopted	**adoptivo**	blanks	**espacios**
age	**edad**	boy	**niño**
agency	**agencia**	certificate	**certificado**
application	**aplicación**	citizen	**ciudadano**
appointment	**cita**	city	**ciudad**
approval (written)	**aprobación (escrita)**	classroom	**salón** **clase** **aula** **cuarto**
baptism certificate	**certificado de bautizo**	conference	**conferencia** **consultación**
birth certificate	**certificado de nacimiento**	corporal punishment	**castigo físico** **castigo corporal**

4

date	fecha	last name	apellido
date entering	fecha en que entró	legal guardian	guardián legal
date leaving	fecha en que salió	lunch (free) (reduced)	comida (gratis) (con precio reducido)
disaster (natural)	desastre (natural)	meeting	junta
education code	código de educación	middle name	segundo nombre
eligible	elegible	name	nombre
emergency	emergencia	naturalized citizen	ciudadano(a) naturalizado(a)
evaluation	evaluación	occupation	ocupación
federal funds	fondos federales	officially	oficialmente
file (cum record)	registro	physical exam	examen físico
first name	nombre de pila	place of birth	lugar de nacimiento
form	formulario	place of employment	lugar de empleo
fund raiser	actividad para recaudar fondos	policy	política
girl	niña	problem	problema
grade	grado (año)	questions	preguntas
guardian	guardián encargado(a)	records	datos
immigrant	inmigrante	registration card	tarjeta de matriculación
information	información	report	informe
institution	institución	report (written)	reporte (escrito)
language, home	idioma del hogar	requirement	requisito

rights	**derechos**	tardy	**tarde**
rules	**reglas**	teacher	**maestro(a)** **profesor(a)**
school	**escuela**		
school property	**propiedad de la escuela**	telephone (at work) (at home)	**teléfono (del empleo) (del hogar) (de casa)**
sex	**sexo**		
space	**espacio**	title (position)	**título**
special education	**educación especial**	truant	**ausente sin permiso**
state	**estado**	verification of vaccinations	**certificado de vacunas**
stepfather	**padrastro**		
stepmother	**madrastra**	visa	**visa**
student	**estudiante alumno(a)**	zip code	**zona postal**

Additional Vocabulary

Registering Students

Greeting the Family (Usted Form)

Good morning. My name is _____.	Buenos días. Me llamo _____.
What is your name?	¿Cómo se llama usted?
Do you speak English?	¿Habla usted inglés?
Are you the parents of the child?	¿Son ustedes los padres del niño?
Are you the mother (father)?	¿Es usted la mamá (el papá)?
What is your child's name?	¿Cómo se llama el (la) niño(a)?
How old is he (she)?	¿Cuántos años tiene?
Please sit here and fill out these forms.	Favor de sentarse aquí y llenar estos formularios.
Please fill out this form now.	Favor de llenar este formulario ahora.
Please sign this form.	Favor de firmar este formulario.
Please fill out both sides.	Por favor, llene los dos lados.
Have your child return this form to the teacher.	Haga que su niño(a) devuelva este formulario a su maestro.
Please mark what applies to you or your child.	Favor de marcar lo que se refiere a usted o a su niño(a).
Thank you for your help.	Gracias por su ayuda.

Questions on the Registration Form (Usted Form)

What is the name of your child? last, first, initial (of mother's last name)*	¿Cómo se llama su niño? apellido, nombre, inicial (de la madre)
What is your address? city, zip code	¿Cuál es su dirección? ciudad, código postal

*Hispanics frequently use the mother's last name or initial rather than a middle name.

What is your telephone number?	¿Cuál es el número de su teléfono?
When was s/he born? month, day, year	¿Cuándo nació? ¿en qué mes, día, año?
Do you have verification of your child's birth date?	¿Tiene usted prueba de la fecha de nacimiento de su niño(a)?
Where was s/he born? city and state	¿Dónde nació? ciudad y estado
Where did your child last attend school?	¿Cuál fue la última escuela a la que asistió su niño(a)?
Did s/he go to school in Mexico? (Puerto Rico, Cuba)	¿Fue a la escuela en México? (Puerto Rico, Cuba)
In what grade is the child?	¿En que año está el (la) niño(a)?
Does the child live with his (her) mother father stepmother stepfather other?	¿Vive el (la) niño(a) con su madre padre madrastra padrastro otro?
Where do you work? (or your husband) place address telephone	¿Dónde trabaja usted (o su esposo)? nombre de lugar dirección teléfono
How many children do you have?	¿Cuántos hijos tiene usted?
Are there other children in your family in school?	¿Tiene otros niños en su familia en la escuela?
What are their names?	¿Cómo se llaman?
What grades are they in?	¿En que año están?
What are their birth dates?	¿Cuáles son las fechas de nacimiento?
Do they live with you or not?	¿Viven con usted o no?

In Case of Emergency

(Usted Form)

In case of serious illness or accident, if we cannot contact you, what doctor can we call?

En caso de accidente o enfermedad grave, si no podemos comunicarnos con usted, ¿a cuál doctor (médico) podemos llamar?

In case of emergency, whom shall we contact?
person
telephone

En caso de emergencia, ¿a quién debemos llamar?
persona
teléfono

In case of an actual civil defense alert or natural disaster, do you prefer that your child remain at school?

En caso de una alerta de la defensa civil o de un desastre natural ¿prefiere usted que su niño permanezca en la escuela?

Health Forms

Please fill out this health form giving the medical history, childhood diseases and immunization dates.

Favor de llenar este registro de salud con la historia médica, enfermedades de infancia y fechas de inmunización.

If you have a personal or religious objection to the immunization of your child, sign here.

Si usted tiene objeción personal o religiosa en contra de la inmunización del niño, firme aquí.

Does your child have any special health problems such as: diabetes, epilepsy, rheumatic fever or others?

¿Tiene su niño problemas de salud como diabetes, epilepsia, fiebre reumática u otros problemas?

State law requires the dates and the verification of polio immunizations.

La ley del estado exige las fechas y verificación de las vacunas contra la polio.

Your child can be sent home if it is believed he has a contagious disease or infection.

Su niño puede ser enviado a casa si se cree que está sufriendo de una enfermedad contagiosa o infección.

Lunch Information
(Usted Form)

Do you need to request free lunch for your child?

¿Necesita usted hacer la petición de comida gratis para su niño(a)?

Here is the form for free lunch for your child.

Aquí está el formulario (el papel) que debe llenar para la comida gratis para su niño(a).

Please fill out the form and sign it.

Favor de llenar el formulario y firmarlo.

If your child will be going home for lunch, you will need to sign this permission form.

Si su niño(a) va a casa para la hora de la comida, necesita firmar este formulario para dar permiso.

Your child can eat lunch here at school.

Su niño(a) puede comer el almuerzo en la escuela.

Your child can eat in the cafeteria or bring a lunch.

Su niño(a) puede comer en la cafetería o puede traer el almuerzo.

Free lunches are provided for the children of parents with low incomes.

Las comidas gratis se dan a los niños de padres con pocos recursos.

Will your child bring lunch or eat the school lunch?

¿Va su niño(a) a traer el almuerzo o va a comer la comida de la escuela?

The Schedule
(Usted Form)

Students can arrive at school between 8:00 and 8:30. They are not to come before 8:00.

Los alumnos pueden llegar a la escuela entre las ocho en punto y las ocho y media. No deben venir antes de las ocho en punto.

School starts at 8:30 for the early group, and 9:15 for the late group.

Las clases empiezan a las ocho y media para el primer grupo, y a las nueve y quince para el segundo grupo.

Classes are dismissed at 1:30, 2:15, and 3:00.

Las clases terminan a la una y media, a las dos y quince, y a las tres en punto.

The hours at _____ School are from _____ to _____ .

Las horas en la escuela _____ son de las _____ a las _____ .

Your child has lunch from 11:30 to 12:15 (11:45 - 12:30, 12:00 - 12:45)

Su niño come entre las once y media y las doce y quince (entre las once cuarenta y cinco, y las doce y media; entre las doce en punto y las doce cuarenta y cinco).

The Bus

The bus picks up the children at _____ (in front of the school.)

El autobús recoge a los niños en _____ (enfrente de la escuela).

There is no charge for bus service.

No se cobra por el servicio del autobús escolar.

You will have to pay _____ monthly (weekly) for bus service.

Tiene que pagar _____ cada mes (cada semana) por el servicio del autobús escolar.

The bus arrives at _____ (leaves at _____).

El autobús llega a las _____ (sale a las _____).

We do not have bus service at this school.

No tenemos servicio de autobuses escolares en esta escuela.

11

Telephone Communication
(Usted Form)

Hello. I'm _____
  from _____ School.

Buenos días (Buenas tardes). Soy el
  señor (la señora, la señorita) _____
  de la escuela _____ .

How are you today?

¿Cómo está usted hoy?

Your child _____ is not
  in school today.

Su niño(a) _____ no está en la
  escuela hoy.

Why is your child absent today?

¿Por qué está ausente su niño(a) hoy?

Why was _____ absent yesterday?

¿Por qué faltó _____ a la clase
  ayer?

Has he (she) been ill?

¿Ha estado enfermo(a)?

Please send a note with _____
  when s/he returns to school.
  (each time s/he is absent).

Por favor, mande una nota con
  _____ cuando regrese a la
  escuela. (cada vez que esté ausente).

Your child was tardy today.

Su niño(a) llegó tarde hoy.

Please send your child to school earlier.

Por favor, mande a su hijo(a) a la
  escuela más temprano.

Directions
(Tú and Usted Forms)

This way, please.

Por aquí, por favor.

That way, please.

Por allí, por favor.

Go straight ahead.

Ve (Vaya) adelante.

Turn to the left (right).

Da (Dé) vuelta a la izquierda (derecha).

It's not far.

No está lejos.

Where is (are) _____ ?

¿Dónde está (están) _____ ?

Communicating with Students
(Tú Form)

May I help you?	¿En qué puedo ayudarte?
What do you want?	¿Qué quieres?
What is your name?	¿Cómo te llamas?
What grade (period, class) are you in?	¿En qué año (período, clase) estás?
Who is your teacher?	¿Quién es tu maestro(a)?
What is your room number?	¿Cuál es el número de tu clase?
Why were you late?	¿Por qué llegaste tarde?
Why were you absent?	¿Por qué faltaste?
Where is your note?	¿Dónde está tu nota?
You have to bring a note when you are absent.	Tienes que traer una nota cuando faltes.
What happened?	¿Qué pasó?
Please wait a minute.	Espera un momento, por favor.
It's your turn.	Te toca a ti.
Please sit here.	Siéntate aquí, por favor.
Please go back to your class.	Regresa a tu clase, por favor.
Tell the teacher to send the _____ .	Dile a tu maestra que nos mande el (los) / la (las) _____ .
Please help me.	Ayúdame, por favor.
Take this to your teacher.	Llévale esto a tu maestro(a).
Don't run in the corridor, please.	No corras en el corredor, por favor.

Verbs

answer	**contestar**	provide	**proveer**
buy	**comprar**	qualify	**calificar**
call	**llamar**	receive	**recibir**
check	**revisar**	register	**inscribir(se)** **registrar(se)**
check over	**repasar**	report	**informar**
communicate	**comunicar**	return	**devolver**
complete	**completar**	review	**revisar** **repasar**
cooperate	**cooperar**		
deliver	**entregar**	serve	**servir**
explain	**explicar**	sign	**firmar**
fill	**llenar**	specify	**especificar**
give	**dar**	transfer	**transferir**
inspect	**inspeccionar**	translate	**traducir**
notify	**notificar**	use	**usar**
obtain	**obtener**	verify	**verificar**

Other Useful Verbs

_____

_____

_____

_____

_____

_____

_____

_____

The
Nurse's
Office

B

Medical Terminology

abdominal pain	dolores abdominales	cold	catarro resfriado
accident	accidente	color blind	dificultad en distinguir colores
allergic	alérgico(a)		
allergy	alergia	conjunctivitis	conjuntivitis
ambulance	ambulancia	constipation	estreñimiento
asthma	asma	contact lenses	lentes de contacto
asthmatic	asmático(a)	contagious illness	enfermedad contagiosa
bandage	venda faja	convulsion	convulsión
Band-aid	curita	coordination	coordinación
bee sting	picadura de abeja	cotton	algodón
		cotton swabs	aplicadores
blister	ampolla	cough	tos
bloody nose	nariz sangrienta	cramp	calambre
blow	golpe	crutches	muletas
bronchitis	bronquitis	cut	cortada corte
bruise	moretón		
bump	golpe	department of health	departamento de salubridad
cast	yeso	diabetes	diabetes
chicken pox	varicela viruela loca	diagnosis	diagnosis
clinic	clínica	diarrhea	diarrea

diet	**dieta**	glasses	**anteojos**
			lentes
diphtheria	**difteria**		**gafas**
disability	**incapacidad**	head cold	**catarro**
			constipado
disease	**enfermedad**	head lice	**piojos**
dizzy	**mareado(a)**	health	**salud**
doctor (family)	**el médico**		**sanidad**
	(familiar)	hearing	**impedimento**
DPT and booster	**DPT e inyección**	impediment	**de oído**
	estimulante	heart condition	**condición del**
dysentery	**disentería**		**corazón**
	diarrea más	hepatitis	**hepatitis**
	fuerte	hives	**ronchas**
earache	**dolor de oído**		**urticaria**
emergency	**emergencia**	hookworm	**tricocéfalo**
exercise	**ejercicio**	hospital	**hospital**
eye matter	**lagaña**	hygiene	**higiene**
fear	**miedo**	hygienic	**higiénico(a)**
fever	**fiebre**	hyperactive	**hiperactivo(a)**
	calentura	impetigo	**impétigo**
flea bites	**picaduras de**	infection	**infección**
	pulgas	influenza	**influenza**
fleas	**pulgas**		**gripe**
food	**alimentos**	information	**información**
fracture	**fractura**	injection	**inyección**
gauze	**gasa**	injury	**herida**

18

insurance	**seguro**	nurse	**enfermera**
invalid	**inválido(a)**	operation	**operación**
itch	**comezón** **picazón**	optometrist	**optometrista**
		pain	**dolor**
itchy, to feel	**sentir comezón**	pediatrician	**pediatra** **especialista de** **niños**
knot on the head	**chichón**		
lice	**piojos**	pharmacy	**farmacia**
lockjaw	**tétano**	phlegm	**flema**
malnutrition	**desnutrición**	physical examination	**examen físico**
measles (German)	**sarampión** **(alemán)**	pill	**píldora**
meningitis	**meningitis**	pink eye	**conjuntivitis** **infección de ojo**
menstruation	**menstruación** **regla**	pneumonia	**pulmonía** **neumonía**
mononucleosis	**mononucleosis**	polio immunization (in sugar cubes)	**vacuna de polio** **(en cubos de** **azúcar)**
mosquito bite	**picadura de** **zancudo**		
mucus	**flema**	poliomyelitis	**polio**
mumps	**paperas**	premature	**prematuro**
nervous	**nervioso(a)**	pus	**pus**
nits (eggs of the lice)	**liendres** **(huevos de los** **piojos)**	rabies	**rabia**
		rash	**erupción** **sarpullido**
nose (bloody)	**nariz** **(sangrienta)**		

reinfection	**reinfección**	splinter	**astilla**
reproductive organs	**órganos reproductivos**	stomach ache	**dolor de estómago**
respiration	**respiración**	stomach cramp	**calambre del estómago**
rheumatic fever	**fiebre reumática**	stretcher	**camilla**
scabies	**sarna granitos que lloran en la piel**	surgery	**cirugía**
		sweaty	**sudado(a) sudoroso(a)**
scale (for weighing)	**báscula pesa**	swollen	**hinchado(a)**
		tape worm	**lombriz solitaria**
scratch	**rasguño arañazo**	tears	**lágrimas**
		temperature	**fiebre temperatura calentura**
shock	**postración nerviosa**		
sick	**enfermo(a)**	tetanus	**tétano**
sleepy	**soñoliento(a)**	thermometer	**termómetro**
sliver	**astilla**	thorn	**espina**
small pox	**viruela**	throat infection	**infección de la garganta**
sneeze	**estornudo**	tired	**cansado(a)**
soap	**jabón**	tissues	**pañuelos**
spasm	**espasmo**	tonsillitis	**angina inflamación de las amígdalas**
specialist	**especialista**		
speech impediment	**impedimento en el habla**	toothache	**dolor de muelas**

sore	llaga	weak	débil
sore (feeling)	doloroso(a)	well	sano(a) bien
toothache	dolor de muelas	welt	roncha
treatment	tratamiento	whipworm	lombriz intestinal gigante
tuberculosis	tuberculosis		
tuberculosis test	prueba de tuberculosis	whooping cough	tos ferina
urine	orina	worms (intestinal)	lombrices (intestinales)
vaccination	vacuna inmunización	wound	herida
vision	visión	X-rays	rayos X
vomit	vómitos	yawn	bostezo

Additional Vocabulary

The Body

abdomen	**el abdomen**	hair	**el cabello** **el pelo**
ankle	**el tobillo**	hand	**la mano**
arm	**el brazo**	head	**la cabeza**
back	**la espalda**	heart	**el corazón**
blood	**la sangre**	heel	**el talón**
body	**el cuerpo**	hip	**la cadera**
bone	**el hueso**	knee	**la rodilla**
cheek	**la mejilla**	leg	**la pierna**
chest	**el pecho**	lip	**el labio**
chin	**la barbilla**	mouth	**la boca**
ear	**la oreja** **el oído**	muscle	**el músculo**
elbow	**el codo**	neck	**el cuello**
eyebrow	**la ceja**	nose	**la nariz**
eyelashes	**las pestañas**	shoulder	**el hombro**
eyelids	**los párpados**	skin	**la piel**
eyes	**los ojos**	stomach	**el estómago**
face	**la cara**	throat	**la garganta**
finger	**el dedo**	toes	**los dedos de los** **pies**
fingernails	**las uñas**	tongue	**la lengua**
foot	**el pie**	tooth	**el diente**
forehead	**la frente**	waist	**la cintura**
gums	**las encías**	wrist	**la muñeca**

Communicating with Students
(Tú Form)

Please wait here.	Espera aquí, por favor.
You are next.	Tú sigues.
Sit here, please.	Siéntate aquí, por favor.
Stand up.	Levántate. Párate.
Lie down here.	Acuéstate aquí.
Let me see your tongue.	Déjame ver la lengua.
I'm going to take your temperature.	Voy a tomarte la temperatura.
Open your mouth.	Abre la boca.
Close your mouth.	Cierra la boca.
Lie down on the bed for awhile.	Acuéstate en la cama un rato.
Point to the spot where you have the pain.	Indícame la parte donde te duele.
Don't be afraid.	No tengas miedo.
This will not hurt you.	Esto no va a dolerte.
You have a fever.	Tienes fiebre.
Please cover your mouth when you cough.	Cúbrete la boca cuando tosas, por favor.
Please wash your hands.	Lávate las manos, por favor.
You will have to go to the doctor.	Tienes que ir al doctor.
I will make an appointment for you.	Voy a hacerte una cita.
Take this note to your parents.	Llévales este papel a tus padres.
You need to bring a note from the doctor (or clinic).	Tienes que traer una nota del doctor (o de la clínica).

You may go now.	**Te puedes ir ahora.**
Go back to your class.	**Vete a tu clase.** **Regresa a tu clase.**
I hope you feel better soon.	**Espero que te sientas mejor pronto.**
Take care of yourself.	**Cuídate.**

Additional Sentence Patterns

Questioning a Student
(Tú Form)

What is your name?	¿Cómo te llamas?
What happened?	¿Qué pasó?
How did you get hurt?	¿Cómo te lastimaste?
Where do you hurt?	¿Qué te duele?
What's the matter?	¿Qué te pasa? ¿Qué tienes?
Are you sick?	¿Estás enfermo(a)?
How do you feel?	¿Cómo te sientes?
Don't you feel well?	¿No te sientes bien?
Why don't you feel well?	¿Por qué no te sientes bien?
How long have you been sick?	¿Cuánto tiempo hace que estás enfermo(a)?
Were you sick last night?	¿Estabas enfermo(a) anoche?
Do you feel bad?	¿Te sientes mal?
Do you have a stomach ache?	¿Tienes dolor de estómago?
Do you have a cold?	¿Tienes catarro?
Have you had this kind of sickness before?	¿Has tenido este tipo de enfermedad antes?
Are you taking any medicine?	¿Estás tomando alguna medicina?
Do you want to go to the bathroom?	¿Quieres ir al baño?
Are you nauseated?	¿Estás con náuseas?
Did you eat breakfast today?	¿Desayunaste hoy?
Have you taken any kind of drugs?	¿Has tomado cualquier tipo de drogas?

Did you lose a tooth?	¿Se te cayó un diente?
Who is your teacher?	¿Quién es tu maestro(a)?
What is your room number?	¿Cuál es el número de tu salón?
Did you bring a coat to school?	¿Trajiste un abrigo a la escuela?
Do you have anything in your classroom that you need to take home?	¿Hay algo en tu clase que debes llevar a la casa?
Is your mother at home?	¿Está en casa tu mamá?
Does your mother work? Where?	¿Trabaja tu mamá? ¿Dónde?
Do you have a phone?	¿Tienes teléfono?
What is your phone number?	¿Cuál es tu número de teléfono?

Additional Questions

_____
_____
_____
_____
_____
_____
_____
_____
_____
_____
_____
_____
_____
_____
_____
_____
_____
_____

Vision Testing

This is a vision test.

Éste es un examen de la vista.

Please sit in this (that) chair.

Por favor, siéntate en esta (aquella) silla.

Hold this eye cover in front of your left (right) eye.

Sostén esta cubierta delante del ojo izquierdo (derecho).

Point your right (left) hand in the same direction as the black legs on the letters.

Indica con la mano derecha (izquierda) la misma dirección de las patas negras de las letras.

Read the letters of the alphabet that I point to.

Lee las letras del abecedario que yo indico.

You may keep your glasses on to take this test.

Puedes dejarte puestos los lentes durante este examen.

When did you see an eye doctor?

¿Cuándo viste al doctor para los ojos?

Did you get these glasses this year?

¿Recibiste estos lentes este año?

Please take this note to your mother.

Por favor, llévale esta nota a tu mamá.

You may go back to class now.

Tú puedes regresar al salón ahora.

Hearing Testing

This is a hearing test.	Este es un examen del sentido de oír.
Don't be afraid. It's fun to listen.	No tengas miedo. Te divertirás oyendo.
I'm going to put these earphones on you.	Te voy a poner estos audífonos.
Listen carefully. Every time you hear a different sound, put your hand up on the same side where you hear the sound.	Escucha atentamente. Cada vez que oyes un sonido diferente, levanta la mano del mismo lado donde oyes el sonido.
Put your hand down as soon as the sound goes away.	Baja la mano tan pronto como se acabe el sonido.
Do you have any problem hearing?	¿Tienes algún problema al escuchar?
Do you ever have earaches?	¿Tienes alguna vez dolor de oído?

Additional Sentence Patterns

_____
_____
_____
_____
_____
_____
_____
_____
_____
_____
_____
_____
_____
_____
_____
_____
_____

Communicable Diseases

Mumps
Paperas

SYMPTOMS (Síntomas):

Fever, swelling and tenderness in front of and below the ear or under the jaw.
Fiebre, hinchazón y sensibilidad delante y debajo del oído o debajo de la quijada.

Painful to move jaws.
Doloroso mover la quijada.

INCUBATION PERIOD (Tiempo de Incubación):

Twelve to twenty-six days.
Doce a veintiséis días.

TREATMENT (Tratamiento):

Sick children are to be kept at home resting in bed until swelling of the glands and organs and all other symptoms have disappeared.
Los niños enfermos deben mantenerse en casa, descansando en cama hasta que el hinchazón de las glándulas y de los órganos y todos los otros síntomas hayan desaparecido.

Measles
Sarampión

SYMPTOMS (Síntomas):

Runny nose, coughing, watery eyes and fever. Blotchy rash about the fourth day.
Nariz mocosa, tos, ojos llorosos y fiebre. Sarpullido manchado como al cuarto día.

INCUBATION PERIOD (Tiempo de Incubación):

Eight to thirteen days.
Ocho a trece días.

TREATMENT (Tratamiento):

Sick children must remain at home a minimum of seven days from appearance of rash and drink plenty of fluids.
Los niños enfermos deben permanecer en casa por lo menos siete días después de que aparece el sarpullido, y beber muchos líquidos.

German Measles
Rubéola, Sarampión Alemán

SYMPTOMS (Síntomas):

Light rash with mild fever. Glands behind ears and neck are enlarged.
Sarpullido ligero, con fiebre leve; glándulas detrás de los oídos y del cuello están hinchadas.

INCUBATION PERIOD (Tiempo de Incubación):

Two to three weeks
Dos a tres semanas

TREATMENT (Tratamiento):

Sick children must remain at home for a minimum of four days from onset of rash and until all symptoms have disappeared.
Los niños enfermos deben permanecer en la casa por lo menos cuatro días después del principio del sarpullido hasta que todos los síntomas hayan desaparecido.

Chicken Pox
Varicela, Viruela Loca

SYMPTOMS (Síntomas):

Small water blisters or pimples which dry into scabs appear on scalp and body.
Aparecen en la cabeza y en partes del cuerpo ampollas pequeñas que se secan para formar costras.

Child may become cross; tires easily.
El (La) niño(a) se pone de mal humor; se cansa fácilmente.

INCUBATION PERIOD (Tiempo de Incubación):

Two to three weeks (usually 13 to 21 days)
Dos a tres semanas (generalmente de trece a veintiún días)

TREATMENT (Tratamiento):

Sick children must be kept at home for seven days from the appearance of the rash or until the blisters are dry and crusted.
Los niños enfermos deben quedarse en casa por siete días después de que aparece la erupción o hasta que las ampollas estén secas y costrosas.

If the child has a fever a doctor should be consulted.
Si el niño tiene fiebre se debe ver a un médico.

Whooping Cough (Pertussis)
Tos Ferina

SYMPTOMS (Síntomas):
Fever, a runny nose and persistent cough, which later comes in spells and ends in a whoop.
Fiebre, una nariz mocosa y una tos persistente que después viene en intervalos y termina en un gemido.

Coughing may cause vomiting.
La tos puede causar vómito.

INCUBATION PERIOD (Tiempo de Incubación):
Seven to ten days (up to twenty-one)
Siete a diez días (hasta veintiuno)

TREATMENT (Tratamiento):

Sick children should be confined to the home during the catarrhal and fever stages and for three weeks from the beginning of the severe coughing stage.
Los niños enfermos deben mantenerse en casa durante la etapa de catarro y fiebre y por tres semanas desde el comienzo de la etapa de tos severa.

Especially serious for infants. (Have babies immunized early.)
Especialmente peligroso para nenes. (Se debe vacunar a los bebés lo más pronto posible.)

Scarlet Fever
Fiebre Escarlatina

SYMPTOMS (Síntomas):
Vomiting, fever, headache, sore throat, swollen glands in the neck. A bright rash usually appears in 24 hours.
Vómito, fiebre, dolor de cabeza, garganta dolorida, glándulas hinchadas en el cuello con placas escarlatas sobre la piel que aparecen dentro de 24 horas.

INCUBATION PERIOD (Tiempo de Incubación):
One to five days
Uno a cinco días

TREATMENT (Tratamiento):
The child should see a doctor for diagnosis and to start antibiotic therapy.
El niño debe ver a un médico para diagnosis y para empezar terapia con antibióticos.

Children are to be kept home until recovery and complete disappearance of symptoms.
Los niños enfermos deben mantenerse en casa hasta que se mejoren y hasta que todos los síntomas hayan desaparecido.

They are not contagious after two days of antibiotic therapy.
No están contagiosos después de dos días de tomar antibióticos.

Communicating with Parents

(Usted Form)

Why was _____ absent
  yesterday?

¿Por qué faltó _____ ayer?

How long has _____ been sick?

¿Hace cuánto tiempo que está enfermo(a)
  _____ ?

Your child is ill.

Su niño(a) está enfermo(a).

_____ has a fever.

_____ tiene fiebre.

Your child has head lice and cannot return
  to school until the symptoms
  have disappeared.

Su niño(a) tiene piojos y no puede regresar
  a la clase hasta que los síntomas hayan
  desaparecido.

We will need a note from the
  doctor or clinic.

Vamos a necesitar una nota del doctor (o de
  la clínica).

Can you come and pick him (her) up
  (as soon as possible)?

¿Puede usted recogerlo(la) (tan pronto como
  sea posible)?

Your child does not see well.

Su niño(a) no ve bien.

_____ cannot return to school until
  s/he is seen by a doctor or clinic.

_____ no puede regresar a la escuela
  hasta que visite al doctor o a la clínica.

Your child has an eye injury and needs
  to see a doctor as soon as possible.

Su niño(a) tiene un ojo lastimado y necesita
  visitar al doctor tan pronto como sea
  posible.

Your child may have a broken bone in
  his or her _____ .

Posiblemente su niño(a) tiene un hueso roto
  en su _____ .

Your child has not been completely
  immunized and needs to go to the doctor
  or clinic at once.

Su niño(a) no ha sido vacunado completa-
  mente y necesita ir al médico o a la clínica
  inmediatamente.

The clinic hours are from _____
  to _____ .

La clínica está abierta entre _____
  y _____ .

32

There is a small charge for services at the clinic.

Please always call the school on the first day your child is absent. The number is _____ .

Does your child speak clearly at home?

Your child has poor dental health because he (she) is not brushing his (her) teeth after every meal.

Your child needs to see a dentist promptly.

Your child has had an accident. It is not (may be) serious.

_____ received a bump on the head and needs to be seen by a doctor or be observed at home.

Has your child been in a hospital recently?

Is your child taking any kind of medication?

Has your child ever had any operations?

When children don't feel well, they don't learn well.

Consult your doctor or clinic each time your child has a problem.

Send the doctor's diagnosis and recommended treatment to the school so the nurse can assist in caring for the needs of the child.

Se cobra un costo mínimo por los servicios de la clínica.

Por favor, siempre llame la escuela el primer día de ausencia de su niño(a). El número es _____ .

¿Su niño(a) habla claramente en casa?

Su niño(a) tiene mala salubridad dental porque no se cepilla los dientes después de cada comida.

Su niño(a) necesita visitar al dentista pronto.

Su niño(a) tuvo un accidente. No es (Tal vez sea) serio.

_____ recibió un golpe en la cabeza y necesita ser visto(a) por un médico o ser observado(a) en casa.

¿Ha estado su niño(a) en un hospital recientemente?

¿Está tomando su niño(a) medicamentos?

¿Ha sido operado su niño(a)?

Cuando los niños no se sienten bien, no aprenden bien.

Consulte con su médico o con la clínica cada vez que su niño(a) tenga un problema.

Mande a la escuela el diagnóstico del doctor y el tratamiento que recomienda para que la enfermera pueda ayudar a atender las necesidades del niño(a).

Please don't send your children to school when they have any of the following symptoms:

fever
diarrhea
sore throat
infected throat
dizziness or nausea
head lice (nits)
cold
cough
swollen eyes
skin rash
tonsillitis
contagious diseases

Keep your child at home at least one full day after a fever or vomiting.

Find a relative, neighbor or friend to care for your child in case of emergency.

Favor de no mandar a los niños a la escuela cuando tienen cualquiera de estos síntomas:

calenturas, fiebre
diarrea
dolor de garganta
garganta roja
vértigos o vómitos
piojos
resfríos
tos
ojos inflamados
sarpullido, erupción
amígdalas inflamadas
enfermedades contagiosas

Deje a su niño(a) en casa por lo menos un día después de una calentura o vómitos.

Escoja un pariente, vecino(a), o amigo(a) que atienda a su hijo(a) en caso de emergencia.

Additional Sentences

34

Verbs

ache	**doler**		diet (to be on a diet)	**estar a dieta**
bandage	**vendar(se)**		examine	**examinar**
bathe	**bañar(se)**		fall	**caer(se)**
blister	**ampollar(se)**		feed (nourish)	**alimentar(se)**
bloody nose (to have a)	**salir sangre de la nariz**		feel	**sentir(se)**
blow the nose	**sonarse la nariz**		fracture	**fracturar(se)**
break (crack)	**partir(se)**		happen (occur)	**ocurrir**
breakfast (to have)	**desayunar(se)**		heal	**sanar**
breathe	**respirar**		hurt	**doler**
bruise	**magullar**		inject	**inyectar**
burn	**quemar(se)**		injure	**lastimar**
calm	**calmar tranquilizar**		menstruate	**menstruar**
chew	**masticar**		move	**mover**
clean	**limpiar**		need	**necesitar**
cold (to be)	**tener frío**		rest	**descansar**
complain	**quejar(se)**		return (something)	**devolver**
cough	**toser**		rub on	**frotar**
cure	**curar(se)**		scratch	**rasguñar(se)**
cut	**cortar(se)**		sleepy (to be)	**tener sueño**
diagnose	**diagnosticar**		sneeze	**estornudar**

spit	**escupir**	treat	**tratar**
stay	**permanecer**	urinate	**orinar**
stutter	**tartamudear**	vaccinate	**vacunar**
suffer	**sufrir**	vomit	**vomitar**
swell	**hinchar**	wash oneself	**lavar(se)**
take	**llevar** (carry) **tomar** (medicine)	worry	**preocupar(se)**
touch	**tocar**	yawn	**bostezar**

Additional Verbs

The Classroom

Parts of the Classroom

bulletin board	**el cuadro de poner anuncios**	learning center	**el centro de aprendizaje**
	la tableta de noticias	light switch	**el interruptor de luz**
	el aviso	listening center	**el centro para escuchar**
cabinets	**los gabinetes**	outlet	**el enchufe**
chalkboard	**el pizarrón**	rug	**la alfombra**
classroom	**el salón** **el aula** **la clase** **el cuarto**	sink	**el lavamanos** **el lavatorio**
clock	**el reloj**	storage room	**el almacén** **el depósito**
curtains	**las cortinas**	thermostat	**el termostato**
door	**la puerta**	transom	**la ventanilla**
doorknob	**el tirador**	wall	**la pared**
floor	**el piso**	window	**la ventana**

Classroom Equipment

bookcase	**el librero** **el estante**	earphones	**los audífonos**
bookshelf	**la repisa**	easel	**el caballete**
chair	**la silla**	file cabinet	**el archivo**
computer	**la computadora**	flag	**la bandera**
desk	**el escritorio** **el pupitre**	globe (world)	**el globo (mundial)**
drawer	**el cajón**	headphone	**el audífono**

map	**el mapa**	rug (mat)	**el tapete**
			la alfombra
paper cutter	**el cortapapel**		
		screen	**la pantalla**
pencil sharpener	**el sacapuntas**		
	el tajador	table	**la mesa**
picture	**el retrato**	tape recorder	**la grabadora**
plug (electric)	**la clavija**	trash can	**el basurero**
	(eléctrica)		
		wastebasket	**el cesto de basura**
projector	**el proyector**		
record player	**el tocadiscos**		

Student Materials and Supplies

backpack	**la mochila**	drums	**los tambores**
beads	**las cuentas**	envelope	**el sobre**
bell	**la campanilla**	eraser	**el borrador**
			la goma de
blocks	**los bloques**		**borrar**
book	**el libro**	flash cards	**las tarjetas**
			las cartas
brush	**la brocha**		
	el pincel	folder	**la carpeta**
chalk	**la tiza**	folder,	**la carpeta de**
		manila	**manila**
checkers	**las damas**		
		game	**el juego**
chess	**el ajedrez**		
		glue	**la cola**
chinese checkers	**las damas chinas**		**la goma**
clay	**la arcilla**	hanger	**el colgador**
	la plastilina		**el gancho para**
			colgar la ropa
crayons	**las crayolas**		
	el crayón	jar	**el jarro**
doll	**la muñeca**	marking pen	**el marcador**

notebook	**el cuaderno** **la libreta**	pins	**los alfileres**
		puppets	**los títeres**
paints	**las pinturas**	puzzle	
		crossword	**el crucigrama**
paints (water colors)	**las acuarelas**	jigsaw	**el rompecabezas**
		ruler	**la regla**
paper	**el papel**		
blotting	**papel secante**	scissors	**las tijeras**
crepe	**papel de crepe**		
lined	**renglón**	scotch tape	**la cinta de Scotch**
onion	**papel cebolla**		
tissue	**papel de seda**	sponge	**la esponja**
paper clips	**los sujetapapeles**	stapler	**el engrapador**
paste (white)	**el engrudo**	staples	**las grapas**
paste	**la pegadura** **la goma**	whistle	**el pito** **el silbido**
pen	**el bolígrafo**	workbook	**el libro de** **actividades** **el libro de tarea**
pencil	**el lápiz**		
mechanical	**lapicero**		
colored	**lápiz de color**	yarn	**la lana**

Additional Vocabulary

General Classroom Terminology

alphabet	**el alfabeto** **el abecedario**	letter (initial)	**la letra (inicial)**
analysis	**el análisis**	lunch ticket	**el boleto** **para almuerzo**
answer	**la respuesta**	name	**el nombre**
answer key	**la clave**	note	**la nota**
assignment	**la tarea**	page (in a book)	**la página**
attendance card	**la tarjeta de** **asistencia**	paper (sheet of)	**la hoja de papel**
auditory	**auditorio(a)**	phrase	**la frase**
colors	**los colores**	project	**el proyecto**
course of study	**el curso de** **estudios**	recall	**el recuerdo**
date	**la fecha**	report	**el informe** **el reporte**
detail	**el detalle**	sentence	**la oración** **la frase**
error	**el error**	similar	**similar**
examination	**el examen** **la prueba**	sounds	**los sonidos**
guide	**la guía**	story	**el cuento**
homework	**la tarea**	test	**el examen** **la prueba**
illustration	**la ilustración**	ticket	**el boleto**
incomplete	**incompleto(a)**	visual	**visual**
lesson	**la lección**	word	**la palabra**

Greetings and Expressions of Courtesy

(Tú and Usted Forms)

Good morning.	**Buenos días.**
Good afternoon.	**Buenas tardes.**
Hello.	**Hola.**
What is your name?	**¿Cómo te (se) llamas (llama)?**
My name is _____.	**Me llamo _____.**
Here. (as when taking roll)	**Presente.**
How old are you?	**¿Cuántos años tienes (tiene)?**
I am _____ years old.	**Tengo _____ años.**
How are you?	**¿Cómo estás (está, están)?**
I'm fine, thank you.	**Estoy bien, gracias.**
And you?	**¿Y tú (usted)?**
Please . . .	**Por favor . . .**
Thank you very much.	**Muchas gracias.**
It's nothing.	**De nada.**
Excuse me.	**Dispénseme.**
Until tomorrow.	**Hasta mañana.**
Good-bye.	**Adiós.**
See you later.	**Hasta luego.**
Until I see you again . . .	**Hasta la vista.**

Beginning the Day
(Tú Form)

Good morning. Welcome.	Buenos días. Bienvenidos.
How are you?	¿Cómo estás? ¿Cómo están?
There are _____ children in the class today.	Hay _____ alumnos en la clase hoy.
Who is absent today?	¿Quién está ausente hoy?
Is _____ absent?	¿Está ausente _____?
Why were you absent?	¿Por qué faltaste?
S/he was absent yesterday.	El/Ella faltó a clase (a la escuela) ayer.
Where is your note?	¿Dónde está tu nota?
You must bring a note when you are absent.	Tienes que traer una nota cuando faltas.
How many are buying lunch? milk?	¿Cuántos van a comprar almuerzo? leche?
Hang your jacket in the closet.	Cuelga tu chaqueta en el guardarropa.
Please open the windows.	Abre las ventanas, por favor.
Please take the chairs down.	Bajen las sillas, por favor.
I'm so happy to see you.	Estoy tan feliz de verte (verlos).
We're going to have a good day today.	Vamos a tener un buen día hoy.
We have many things to do today.	Tenemos muchas cosas que hacer hoy.
Does anyone have something to show or tell?	¿Hay alguien que quiera mostrar o decir algo?

Classroom Questions
(Tú Form)

Where is _____ ?	¿Dónde está _____ ?
Are you hot (cold, hungry, thirsty)?	¿Tienes (Tienen) calor (frío, hambre, sed)?
Do you want a drink?	¿Quieres (Quieren) tomar agua?
May I have a drink?	¿Puedo tomar agua?
What is this?	¿Qué es esto?
What do you want?	¿Qué quieres (quieren)?
Who wants _____ ?	¿Quién quiere _____ ?
What do you have?	¿Qué tienes (tienen)?
Who gave it to you?	¿Quién te (se) lo dio?
Did you find your _____ ?	¿Encontraste tu _____ ?
How do you say _____ in Spanish?	¿Cómo se dice _____ en español?
Can you tell me in English?	¿Me lo puedes decir en inglés?
What color is the _____ ?	¿De qué color es _____ ?
Did you know that _____ ?	¿Sabías tú que (Sabían que) _____ ?
What is this called?	¿Cómo se llama esto?
What do I have here?	¿Qué tengo aquí?
Is your work finished?	¿Terminaste (Terminaron) el trabajo?
Do you need help?	¿Necesitas (Necesitan) ayuda?
Are you ready?	¿Listo(a)? ¿Listos(as)?
Where are you going?	¿Adónde vas (van)?
Do you like _____ ?	¿Te (Les) gusta el (la) _____ ? ¿Te (Les) gustan los (las) _____ ?

What are you doing?	¿Qué haces (hacen)?
Did you finish?	¿Ya terminaste (terminaron)?
Can you speak louder?	¿Puedes hablar más alto?
Why did you erase it?	¿Por qué lo borrraste?
What time (day) is it?	¿Qué hora (día) es?
What is the date?	¿Cuál es la fecha?
What is the weather like?	¿Qué tiempo hace?
What do you like best?	¿Qué es lo que más te (les) gusta?
Where are your things?	¿Dónde están tus (sus) cosas?
What tells you that?	¿Qué te (les) dice eso?
What else is happening?	¿Qué más está pasando?
Do you understand?	¿Comprendes (Comprenden)? ¿Entiendes (Entienden)?
Who wants to ask a question?	¿Quién quiere hacer una pregunta?
Who would like to help me?	¿Quién quiere ayudarme?
Did you study?	¿Has (Han) estudiado?
Who can tell me _____ ?	¿Quién me puede decir _____ ?
Can you read this page?	¿Puedes leer esta página?
Is the _____ finished?	¿Está terminado(a) el (la) _____ ?
Do you want to go to the bathroom?	¿Quieres ir al baño?
Why are you crying?	¿Por qué lloras?

Everyday Phrases and Directions
(Tú Form)

Go to your seat.	Vete (Váyanse) a tu (su) asiento.
Let's start our work.	Empecemos nuestro trabajo.
Please pass the paper.	Pasa (Pasen) el papel, por favor.
Take a piece of paper.	Toma (Tomen) una hoja de papel.
Write your name and the date.	Escribe (Escriban) tu (su) nombre y la fecha.
Be a good listener.	Escucha siempre con atención.
Be good listeners.	Escuchen siempre con atención.
Write your name on the first line.	Escribe (Escriban) tu (su) nombre en el primer renglón.
Open your books.	Abran sus libros.
Raise your hand.	Levanta la mano.
Repeat the sentence (number, question) please.	Repite (Repitan) la oración (número, pregunta), por favor.
You are going to do what I tell you.	Vas (Van) a hacer lo que te (les) digo.
Show me your paper (papers).	Muéstrame tu papel. Muéstrenme su(s) papel(es).
Correct the mistakes.	Corrige (Corrijan) los errores.
Find _____ somewhere in the room.	Busca (Busquen) _____ en alguna parte del salón.
Listen to the story.	Escucha (Escuchen) el cuento.
Put _____ here.	Pon (Pongan) _____ aquí.
Mark it.	Márcalo. (Márquenlo).

47

Everyone sit down.	Siéntense, todos.
Everyone stop.	Paren, todos.
Look.	Mira (Miren).
Listen.	Escucha (Escuchen).
Go to the chalkboard.	Vete (Váyanse) al pizarrón.
Here, in the middle . . .	Aquí, en medio . . .
Sit down, please.	Siéntate (Siéntense), por favor.
Stand up.	Levántate (Levántense), por favor. Favor de levantarse.
Please give me . . .	Por favor, dame (denme)...
Pay attention.	Presta (Presten) atención.
Walk fast (slowly).	Anda (Anden) rápido (despacio).
All together . . .	Todos juntos . . .
Faster.	Más rápido. Más aprisa.
Slower.	Más despacio.
Don't pull out the . . .	No saques (saquen) . . .
Turn the _____ on (off).	Enciende (Apaga) el (la) _____ .
We are having a test today.	Hoy tenemos un examen.
I'm asking you _____ .	Te (Les) pregunto _____ .
I don't have it.	No lo tengo.
You have to speak louder.	Tienes que hablar más alto (fuerte).
It's hard to understand this.	Es difícil comprender (entender) esto.
Blow your nose.	Suénate la nariz.

Clean your nose.	Límpiate la nariz.
Cover your mouth when you cough.	Tápate (Cúbrete) la boca cuando toses.
Don't sharpen your pencil now.	No le saques punta al lápiz ahora.
Please don't put your pencil in your mouth.	No te pongas el lápiz en la boca, por favor.
Make a _____ .	Haz (Hagan) un(a) _____ .
Color the picture.	Colore (Coloren) el dibujo.
Tell me about your picture.	Dime algo acerca de tu dibujo.
When your work is finished, you may _____ .	Cuando termines (terminen) el trabajo, puedes (pueden) _____ .
Change papers.	Cambien los papeles.
Put your things in your desk.	Guarda (Guarden) tus (sus) cosas en tu (su) escritorio.
Put the toys on the shelf.	Pon (Pongan) los juguetes en el estante.
You may collect the papers.	Puedes (Pueden) recoger los papeles.
Put the papers in _____ .	Pon (Pongan) los papeles en el (la) _____ .
It's time to pick up the books.	Es hora de recoger los libros.
It's time to clean up.	Ya es hora de limpiar.
Please pass the wastebasket.	Pasa el cesto para la basura, por favor.
Please pick up the papers around your table.	Recoge (Recojan) los papeles alrededor de la mesa, por favor.
It's lunchtime.	Es hora de comer.
Turn on (off) the light.	Enciende (Apaga) la luz.
Go outside.	Vete (Váyanse) afuera.

Look for the one that has _____ .	Busca (Busquen) el (la) que tiene _____ .
Hold hands.	Agárrense de las manos.
I don't hear anything.	Yo no oigo nada.
I can't hear you.	No te oigo.
Come to the rug.	Ven (Vengan) a la alfombra.
You should have written _____ .	Debías (Debían) haber escrito _____ .
It's your turn.	Te toca a ti.
Put it on.	Póntelo (Pónganselo).
I'll say it again.	Lo voy a repetir.
Don't stop. Keep going.	No pares (paren). Sigue (Sigan).

Additional Sentences

_____
_____
_____
_____
_____
_____
_____
_____
_____
_____
_____
_____
_____
_____
_____
_____
_____

Praise

We have very good workers.	Tenemos muy buenos trabajadores.
That's a good point.	Eso es un buen punto.
I appreciate your help.	Aprecio tu ayuda.
This is first class work.	Este es trabajo de primera clase.
Continue your good work.	Sigue (Continúa) con el buen trabajo.
Now you've figured it out.	Ya lo figuraste.
That is the correct answer.	Esa es la respuesta correcta.
You made only one mistake.	Solamente hiciste un error.
Congratulations.	Felicidades.
That's right!	¡Está correcto!
Exactly right.	Perfectamente correcto.
You did well.	Hiciste muy bien.
I congratulate you.	Te felicito.
I like quiet children.	A mí, me gustan los niños silenciosos.
That's a good observation.	Esa es una buena observación.
I like the way _____ is working.	Me gusta cómo _____ está trabajando.
I like the way you are working.	Me gusta la manera en que estás (están) trabajando.
Keep doing it.	Sigue haciéndolo.
_____ has the answer.	_____ tiene la respuesta.

You are a good student.	Tú eres un(a) buen(a) estudiant.
That's good.	Eso está bien.
That's great!	¡Eso es maravilloso!
Very creative.	Muy creativo.
That's really nice.	Eso está realmente bien.
Keep up the good work.	Sigue (Sigan) adelante con tu (su) buen trabajo.
Everyone's working so hard.	Todos están trabajando con mucho empeño.
That's quite an improvement.	Eso es un gran adelanto.
You really outdid yourself (yourselves) today.	Realmente te (se) superaste (superaron) hoy.
I'm sure your mom and dad would be proud to see the job you did on this.	Estoy seguro(a) que tu papá y mamá estarían orgullosos de ver este trabajo que hiciste.
How impressive!	¡Qué impresionante!
Very interesting.	Muy interesante.
I'm proud of the way you are working today.	Estoy muy orgulloso(a) de la manera en que estás trabajando hoy.
What neat work.	¡Qué trabajo tan limpio!
Superior work. Why don't you show the class?	Trabajo superior. ¿Por qué no le muestras a la clase?
Terrific!	¡Estupendo!
Excellent work.	Trabajo excelente.
Marvelous.	Maravilloso.
Congratulations.	Felicitaciones.

Fantastic!	¡Fantástico!
Much better.	Mucho mejor.
Fine.	Bien.
Very good.	Muy bien.
That looks like it's going to be a good report.	Parece que va a ser un reporte bueno.
I like the way _____ is sitting quietly.	Me gusta la manera en que _____ está sentado en silencio.
That's "A" work.	Ese trabajo merece una "A".
_____ got right down to work.	_____ se puso a trabajar inmediatamente.
_____ is paying attention.	_____ está prestando atención.
That's interesting.	Eso es interesante.
Thank you for raising your hand.	Gracias por levantar la mano.
Good idea.	Buena idea.
You make it look easy.	Tú (Ustedes) lo haces(n) parecer fácil.
It looks like you put a lot of work into this.	Parece que pusiste mucho esfuerzo en esto.
That's coming along nicely.	Eso está resultando muy bien.
It's a pleasure to teach when you work like this.	Es un placer enseñar cuando trabajas (trabajan) así.

_____
_____
_____
_____
_____
_____

Discipline

(Tú Form)

Put your head(s) down.	Agacha (Agachen) la cabeza.
Please don't interrupt when someone else is talking.	Por favor, no interrumpas (interrumpen) cuando alguien está hablando.
Raise your hand before you speak.	Levanta (Levanten) la mano antes de hablar.
Please whisper.	Habla (Hablen) en voz baja, por favor.
Don't make so much noise.	No hagas (hagan) tanto ruido.
You are making too much noise.	Estás (Están) haciendo demasiado ruido.
Don't chew gum in class.	No mastiques (mastiquen) chicle en la clase.
Don't break it.	No lo (la) rompas (rompan).
Don't write in your book(s).	No escribas (escriban) en el libro (los libros).
That's enough!	¡Ya basta!
Don't play in the classroom.	No juegues (jueguen) en la clase.
Please don't disturb the other students.	Por favor, no molestes (molesten) a los demás.
Right away!	¡De inmediato!
I don't want you to say anything right now.	No quiero que digas nada ahora.
I don't want you to be out of your seats.	No quiero que estés(n) fuera de tu (sus) asiento(s).

Ending the Day

It's time to go home.	Es hora de irse a casa.
Please put your chair on your table.	Pon (Pongan) tu (su) silla sobre la mesa, por favor.
Go straight home.	Vete (Váyanse) derecho a casa.
Bring back this note signed by your mother or father.	Trae (Traigan) la nota con la firma de tu madre o padre.
Let's leave quietly.	Salgamos silenciosamente.
Don't forget your homework.	No olvides (olviden) la tarea.
I'll see you tomorrow.	Nos veremos mañana.

Additional Vocabulary

_____

_____

_____

_____

_____

_____

_____

_____

_____

_____

_____

_____

_____

_____

_____

Classroom Verbs

answer	contestar	find	encontrar
ask	preguntar	finish	terminar
begin	comenzar empezar	form	formar
call	llamar	get up	levantar(se)
carry	llevar	give	dar
clean	limpiar	go	ir(se)
close	cerrar	hang up	colgar
color	colorar	help	ayudar
complete	acabar completar	hold	agarrar
correct	corregir	hunt for	buscar
count	contar	kick	dar un puntapié dar una patada
cover	cubrir tapar	learn	aprender
cross out	tachar	leave	salir
cut	cortar	lie down	acostarse
dance	bailar	listen	escuchar
define	definir	look at	mirar
describe	describir	make	hacer
draw	dibujar	measure	medir
drink	tomar	mix	mezclar
eat	comer	move	mover
erase	borrar	open	abrir
fill	llenar	paint	pintar

pass	**pasar**	stand up	**pararse**
			ponerse en pie
pay	**pagar**	start	**comenzar**
pay attention	**prestar atención**	stop	**parar**
	poner atención	take	**tomar**
pick up	**recoger**	take notes	**tomar notas**
pin	**prender**		**tomar apuntes**
play	**jugar**	teach	**enseñar**
punctuate	**puntuar**	tear	**romper**
	poner los puntos	tell (say)	**decir**
put away	**guardar**	tell (relate)	**contar**
read	**leer**	think	**pensar**
remember	**recordar**	tie	**amarrar**
rest	**descansar**		**atar**
return (to a place)	**volver**	touch	**tocar**
(an object)	**devolver**	trace	**delinear**
save	**guardar**	try	**tratar**
say	**decir**	turn around	**dar vuelta**
see	**ver**	underline	**subrayar**
send	**mandar**	use	**usar**
set	**poner**	wait	**esperar**
show	**mostrar**	walk	**andar**
shut	**cerrar**		**caminar**
sing	**cantar**	wash (oneself)	**lavar(se)**
sit down	**sentarse**	watch out	**tener cuidado**
speak	**hablar**	work	**trabajar**
spell	**deletrear**	write	**escribir**

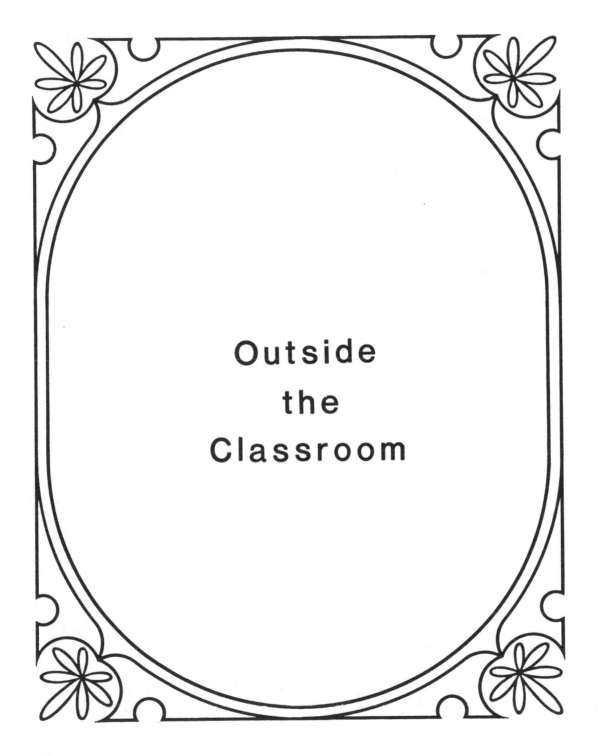

Outside
the
Classroom

D

In Line

(Tú Form - Singular and Plural)

Get in line.	Haz (Hagan) cola. Ponte (Pónganse) en la cola.
Keep your hands to yourself.	No metas (metan) las manos en lo ajeno.
Don't touch.	No toques (toquen).
Please make a straight line.	Haz (Hagan) una cola derecha (recta), por favor.
Line up quietly.	Formen una cola sin hacer ruido.
Line up straight.	Formen una cola derecha (recta).
Form a line by the door.	Formen una cola en la puerta.
Walk behind the leader.	Caminen detrás del guía. (del jefe, del líder).

In The Corridor

Keep the line straight.	Mantén (Mantengan) la fila derecha.
Keep walking, please.	Sigue (Sigan) caminando, por favor.
Where are you going?	¿A dónde vas (van)?
Slow down.	Ve (Vayan) más despacio.
Don't play with the ball in the hall.	No juegues (jueguen) con la pelota en el corredor.
You can't have drinks after the bell.	No puedes (pueden) tomar agua después de sonar la campanilla (el timbre).
Please stay in line.	Quédate (Quédense) en cola, por favor.
Go down the stairs.	Baja (Bajen) por la escalera.
Go up the stairs.	Sube (Suban) por la escalera.

Walk, don't run in the corridors.	Camina (Caminen), no corras (corran) en los corredores.
Don't push.	No empujes (empujen).
Don't look in the other rooms, please.	No mires (miren) hacia los otros salones, por favor.
No talking, please.	Callados. Silencio. No hables (hablen), por favor.

Restroom Terminology

faucet	la llave de agua la pila el grifo		toilet	el excusado el retrete
			toilet paper	papel higiénico
floor	el piso		trash can	el bote de la basura el basurero
paper towel	la toalla de papel			
sink	el lavamanos la tina el fregadero		urinal	el orinal
			wash bowl	el lavabo
soap	el jabón		water	el agua

Directions

Go to the restroom before the bell.	Ve (Vayan) al baño antes que suene la campanilla (el timbre).
Wait your turn.	Espera tu (Esperen su) turno.
Wash your hands with soap and water.	Lávate (Lávense) las manos con agua y jabón.
Dry your hands with the towel.	Sécate (Séquense) las manos con la toalla.
Put the paper towel in the trash can.	Pon (Pongan) la toalla de papel en el basurero.

Please turn off the faucet.	Cierra (Cierren) la pila, por favor.
Please flush the toilet.	Deja (Dejen) correr el agua, por favor.
Don't throw papers on the floor.	No tires (tiren) papeles al piso, por favor.
Please pick up the papers.	Recoge (Recojan) los papeles, por favor.
Hurry up.	Date (Dense) prisa. Apúrate (Apúrense).
Don't write on the walls.	No escribas (escriban) en las paredes.
Open (Close) the door.	Abre (Cierra) la puerta.
We are waiting for you.	Te (Les) estamos esperando.
Are you ready to leave?	¿Estás (Están) listo(s) para salir?
Are you finished?	¿Has (Han) terminado?
Please leave the restroom clean.	Deja (Dejen) el cuarto de baño limpio, por favor.
Please go to your classroom.	Vete (Váyanse) a tu (su) clase, por favor.

On the Playground

Get a drink during recess.	Toma (Tomen) agua durante el recreo.
Please go to the playground.	Sal (Salgan) al patio de recreo, por favor.
What game are we playing?	¿Qué juego jugamos?
Where are you going to play?	¿Dónde van a jugar?
The children are going to play. . . .	Los niños van a jugar . . . .
The leader is	El (La) capitán(a) (líder, guía) es . . . .
Come play.	Ven (Vengan) a jugar.
Don't walk up the slide.	No subas (suban) en el resbaladero.
Sit down on the slide.	Siéntate (Siéntense) en el resbaladero.
Be careful.	Ten (Tengan) cuidado.
Watch where you are going.	Fíjate (Fíjense) en adónde vas (van).
Please don't run.	Por favor, no corras (corran).
Walk, don't run.	Camina (Caminen), no corras (corran).
Stop!	¡Para! ¡Paren!
Don't hit him (her).	No le (la) pegues (peguen).
Why aren't you playing?	¿Por qué no estás (están) jugando?
What happened?	¿Qué pasó?
Why did s/he hit you?	¿Por qué te pegó?
Did s/he kick you?	¿Te dio una patada? ¿Te pateó?
Why are you crying?	¿Por qué lloras?

Go to the nurse's office.	Ve a la oficina de la enfermera.
Where is your class?	¿Dónde está tu clase?
Go and play with your class.	Vete (Váyanse) a jugar con tu (su) clase.

Playground Terminology

ball	la pelota	playground rules	las reglas del patio de recreo
bars	las barras la escalera de hierro	recess	el recreo
baseball	el béisbol	rings	los anillos de acero
basketball	el baloncesto		
bat	el bate	sandbox	la caja de arena
bench	el banco	slide	el resbaladero
fence	el cercado de alambre la cerca	soccer	el fútbol
		sports	los deportes
field trip	el paseo la excursión	sports field	el campo de deportes
football	el fútbol	swings	los columpios
game	el juego	team	el equipo
hopscotch	el avión la rayuela	teeter-totter	el sube y baja
jump rope	el lazo de brincar la pita de saltar	track and field	campo y pista
picnic	el día de campo	umpire	el árbitro
playground	el patio de recreo el campo el área de recreo	wagon	el vagón el carrito

In the Cafeteria

Go to the cafeteria.	Ve (Vayan) a la cafetería.
Go to the office for a lunch ticket.	Ve a la oficina y pide un boleto de almuerzo.
Don't run in the cafeteria.	No corras (corran) en la cafetería.
Don't push.	No empujes (empujen).
Wait your turn.	Espera (Esperen) tu (su) turno.
Stay in line.	Quédate (Quédense) en cola.
Have your money (ticket) ready.	Ten (Tengan) tu (su) dinero (boleto) listo.
Go to the end of the line.	Ve al final de la cola.
Hold your tray steady.	Agarra tu bandeja firmemente.
Be careful.	Ten cuidado.
Take your tray to the table.	Lleva (Lleven) tu (su) bandeja a la mesa.
Sit here, please.	Siéntate (Siéntense) aquí, por favor.
Sit with your class.	Siéntate con tu clase.
Don't spill your milk.	No derrames (derramen) la leche.
Don't throw food.	No tires (tiren) la comida.
Keep your voices down.	Habla (Hablen) en voz baja.
Wait until you hear the bell (are dismissed).	Espera (Esperen) hasta que suene la campanilla (seas despedido, sean despedidos).
Where are you going?	¿Adónde vas (van)?
Pick up your tray.	Recoge (Recojan) tu (su) bandeja.

Put your papers in the trash can.	Pon (Pongan) los papeles en el basurero.

Put your papers in the trash can. | Pon (Pongan) los papeles en el basurero.

Your table is not clean. | Tu (Su) mesa no está limpia.
  Clean up your table. | Limpia (Limpien) la mesa.

When your table is cleared, you may go. | Cuando tu (su) mesa esté limpia, puedes (pueden) irte (irse).

You are dismissed. | Puedes irte. Pueden irse.

If you want to go home for lunch, we need a permission card. | Si quieres ir a casa para el almuerzo necesitamos una tarjeta de permiso.

For a free lunch, your parents will have to fill out a form. | Para comida gratis, tus (sus) padres tienen que llenar un formulario.

Cafeteria Verbs

ask for	**pedir**		quiet (to keep)	**callar(se)**
chew	**masticar**		run	**correr**
clean	**limpiar**		sit down	**sentar(se)**
drink	**tomar**		spill	**derramar**
eat	**comer**		stand up	**levantar(se)**
go	**ir(se)**		start	**comenzar** **empezar**
hold (on to)	**agarrar**		stay	**quedar(se)** **permanecer**
pick up	**recoger**			
push	**empujar**		talk	**hablar**
put	**poner**		throw	**tirar**
quarrel	**reñir** **disputar**		wait	**esperar**
			walk	**caminar**
quiet (down)	**tranquilizar(se)**		want	**querer**

Cafeteria Terminology

bench	**el banco**	lunch time	**la hora de la comida**
cafeteria	**la cafetería**		**la hora del almuerzo**
cup	**la taza**	milk	**la leche**
food	**la comida**	milk carton	**el cartón de la leche**
fork	**el tenedor**	napkin	**la servilleta**
knife	**el cuchillo**	papers	**los papeles**
line	**la cola**	peelings	**las cáscaras**
lunch	**la comida**	plate	**el plato**
	el almuerzo	silverware	**los cubiertos**
lunch bag	**la bolsa para el almuerzo**	spoon	**la cuchara**
lunch box	**la caja del almuerzo**	straw	**la pajita**
			la bombilla
lunch money	**el dinero para el almuerzo**	thermos	**el termos**
lunch table	**la mesa de almuerzo**	trash can	**el bote para la basura**
			el basurero
lunch ticket	**el boleto para el almuerzo**	tray	**la bandeja**

Communicating
with
Parents

E

Beginning the Conference
(Usted Form)

My name is _____ .

Me llamo _____ .

How are you?

¿Cómo está usted? ¿Cómo están ustedes?

It's a pleasure to know you.

Mucho gusto en conocerle(les).

It's a pleasure.

Mucho gusto. Es un placer.

How is your family?

¿Cómo está su familia?

Please wait a few minutes.

Por favor, espere (esperen) unos minutos.

I am studying (learning) Spanish.

Estoy estudiando (aprendiendo) español.

Please sit here.

Siéntese (Siéntense) aquí, por favor.

I don't understand. Can you please speak more slowly?

No entiendo. ¿Puede usted hablar más despacio, por favor?

Parents May Ask

How is s/he doing in school?

¿Cómo está progresando el niño (la niña) en la escuela?

Does s/he do his (her) work?

¿Hace su trabajo?

What problems does s/he have?

¿Qué problemas tiene?

Does s/he have homework?

¿Tiene tarea?

How is his (her) behavior?

¿Cómo se porta?

General Comments

Positive

S/he's interested in his (her) school work.

Le interesan las tareas de la escuela.

S/he has the desire to learn.

Tiene ánimo para aprender.

S/he makes an effort with new things.

Hace un esfuerzo con cosas nuevas.

S/he can solve his (her) own problems.

Puede resolver sus propios problemas.

S/he takes his (her) responsibilities seriously.

Toma sus responsabilidades seriamente.

S/he doesn't have any problems.

No tiene ningún problema.

S/he always cooperates.

Siempre coopera.

Suggestions for Improvement

S/he needs help at home.

Necesita ayuda en casa.

Encourage your child to do as much for himself (herself) as possible.

Anime a su niño(a) a que haga todo lo posible por sí mismo(a).

Do you know something that could help us with your child?

¿Sabe usted algo que pueda ayudarnos tocante a su niño(a)?

S/he needs to turn in his (her) homework.

Debe entregar las tareas a tiempo.

_____
_____
_____
_____
_____

Work Habits
Positive

S/he tries to do good work.	Trata de hacer buen trabajo.
S/he finishes what s/he starts.	Termina lo que comienza.
S/he tries to do the best s/he can.	Trata de hacer lo mejor que puede.
S/he finishes his (her) work.	Completa (Termina) las tareas asignadas.
S/he's a good worker.	Es un(a) buen(a) trabajador(a).
S/he works (studies) hard.	Trabaja (Estudia) diligentemente.
S/he does his (her) work well.	Hace su trabajo bien.
S/he follows directions well.	Sigue bien las instrucciones.
S/he has good study habits.	Tiene buenos hábitos de estudio.
S/he is trying to improve.	Está tratando de mejorar.

Problem Areas

S/he needs to try harder in his (her) work.	Necesita esforzarse más en su trabajo.
S/he needs to pay better attention in class.	Necesita prestar más atención en clase.
S/he's not working up to his (her) ability.	No está trabajando a su capacidad (habilidad).
S/he needs individual supervision to finish his (her) work in class.	Necesita supervisión individual para completar su tarea en clase.
S/he's very restless.	Es muy inquieto(a).
S/he doesn't listen.	No presta atención. No atiende.
S/he wants to play and needs supervision constantly.	Solo quiere jugar y necesita supervisión constantemente.

Academic Performance
Positive

S/he participates with interest in _____ .

Participa con interés en _____ .

His (Her) best work is in _____ .

Su mejor trabajo es en _____ .

S/he is learning.

Está aprendiendo.

S/he is reading at grade level.

Está leyendo al nivel del grado.

His (Her) oral reading (math, writing) is at (above, below) grade level.

Su lectura oral (matemáticas, escritura) está al nivel de (más avanzada que, bajo) el nivel de su grado.

Your child is at grade level in all subjects.

Su niño(a) está al nivel de grado en todas las materias.

S/he has many interests.

Tiene varios intereses.

S/he expresses himself (herself) well in _____ .

Se expresa bien en _____ .

Problem Areas

S/he's behind.

Está atrasado(a).

S/he doesn't work up to his (her) ability.

No trabaja a su capacidad.

S/he needs to improve, especially in _____ .

Necesita mejorar, especialmente en _____ .

S/he needs help in expressing himself (herself).

Necesita ayuda para expresarse.

S/he needs to participate in discussions.

Necesita participar en las discusiones.

S/he has difficulty with reading (math, spelling).

Tiene problemas con la lectura (las matemáticas, la ortografía).

S/he doesn't know the alphabet.

No sabe el abecedario (alfabeto).

S/he doesn't know the sounds of the letters.	No sabe los sonidos de las letras.
S/he writes some of his (her) numbers (letters) backwards.	Escribe al revés algunos de los números (las letras).
S/he hasn't learned the numbers from one to ten.	No ha aprendido los números del uno al diez.
S/he needs to memorize his (her) multiplication tables.	Necesita memorizar las tablas de multiplicación.
S/he is not interested in his (her) work.	No tiene interés en su trabajo.

Additional Sentences

_____
_____
_____
_____
_____
_____
_____
_____
_____
_____
_____
_____
_____
_____
_____
_____
_____
_____
_____
_____
_____
_____
_____

Citizenship

Positive

S/he obeys the school rules.	Obedece las reglas de la escuela.
His (Her) behavior is always good.	Su comportamiento es siempre bueno.
You should be proud of him (her).	Debe (Deben) estar orgulloso(a,os) de él (ella).
S/he responds well to correction.	Responde bien cuando se le corrige.
S/he's very courteous.	Es muy cortés.

Problem Areas

S/he fights with other children.	Pelea con los otros niños.
S/he uses physical means to get attention.	Usa maneras físicas para llamar la atención.
S/he talks too much in class.	Habla demasiado en clase.
S/he's very noisy.	Hace mucho ruido.
If s/he weren't absent so much, s/he would improve in all his (her) subjects.	Si no estuviera ausente tanto, mejoraría en todas sus materias.
S/he's sometimes late. (generally, frequently, always)	Llega tarde algunas veces. (generalmente, frecuentemente, siempre)

Social and Emotional Development

Positive

S/he's quiet while working.　　　　　　Está callado(a) cuando trabaja.

The other children like him (her).　　　Los demás (Los otros niños) lo (la) aprecian.

S/he cooperates with the other children.　Coopera con los otros niños.

S/he likes to help others.　　　　　　Le gusta ayudar a los otros.

S/he is respected by the other students.　Lo (La) estiman (respetan) los otros estudiantes.

S/he is making friends in class.　　　　Está haciendo amigos en clase.

Problem Areas

S/he doesn't know how to control himself (herself).　　No sabe controlarse.

S/he's very rough when s/he plays.　　　Es muy brusco(a) cuando juega.

S/he hurts the other children.　　　　　Les hace daño a los otros niños.

S/he needs help to use his (her) leadership qualities democratically.　　Necesita ayuda para usar las cualidades de líder democráticamente.

S/he shows a lack of maturity.　　　　　Muestra falta de madurez.

S/he's timid.　　　　　　　　　　　　Es tímido(a).

S/he's very shy.　　　　　　　　　　Es muy vergonzoso(a).

S/he's quiet (all the time).　　　　　　Es quieto(a) (todo el tiempo).

Questions and Suggestions for Parents

Can you participate in school activities?

¿Puede usted participar en actividades en la escuela?

Praise him (her) frequently.

Elógielo(la) usted frecuentemente.

S/he needs to study in a quiet place.

Necesita estudiar en un lugar silencioso (tranquilo).

Do you help him (her) with the homework?

¿Lo (La) ayuda usted con la tarea?

Is there someone who can help with the homework?

¿Hay alguien que pueda ayudarle con la tarea?

Do you ask your child about what s/he is doing in school?

¿Le pregunta al niño (a la niña) lo que está haciendo en la escuela?

How do you punish your child at home?

¿Cómo castiga usted al niño (a la niña) en casa?

Do you give him (her) praise?

¿Elogia al niño (a la niña)?

What responsibilities does s/he have?

Qué responsabilidades tiene él (ella)?

Does _____ help at home?

¿Ayuda _____ en casa?

How does s/he behave at home?

¿Cómo se porta él (ella) en casa?

_____
_____
_____
_____
_____
_____
_____
_____
_____
_____
_____
_____
_____

Ending the Conference

Don't worry.	No se preocupe usted.
Do you have any questions?	¿Tiene alguna pregunta?
I'm happy to be his teacher.	Estoy contento(a) de ser su maestro(a).
I have another conference now. With your permission...	Tengo otra cita ahora. Con permiso . . .
Thank you for coming.	Muchas gracias por venir.
Come back soon.	Vuelva pronto.
It was a pleasure talking to you.	Me dio mucho gusto (Fue un placer) hablar con usted(es).
If you have any questions, write me a note or call me.	Si tiene alguna pregunta, escríbame una nota o llámeme.
If there are any problems, I will call you.	Si hay algún problema, le llamo por teléfono.
Good-bye.	Hasta la vista. Hasta luego. Adiós.

Special Programs and Services

Gifted and Talented Education	Educación Dotada y Talentosa
Migrant Education	Educación Migrante
Pupil Personnel Services	Personal de Servicios a los Alumnos
Special Education	Educación Especial

Reporting to Parents Regarding Testing and Special Programs

Vocabulary

ability to learn	habilidad para aprender	loss of thought	pérdida de pensamiento
age chronological mental	edad cronológica mental	memory (visual, auditory)	memoria (visual, auditiva)
attention span	duración de atención	perception	percepción
		physical problems	problemas físicos
behavior	comportamiento	psycholinguistic	psicolingüístico(a)
blend sounds	fusionar sonidos	psychologist	psicólogo(a)
communicate	comunicar	reading level	nivel de lectura
confusion	confusión	remedial reading	lectura remediadora
control (self)	controlar(se)		
daydream	ensueño	results	resultados
to daydream	soñar despierto	retained	detenido
distracted (easily)	distraído (fácilmente)	slow to move	lento para moverse
disturbance	alboroto	speech impediment	impedimento en el habla
dominant	dominante		
function	funcionar	strengths	habilidades
individual educational plan	programa educativo individualizado	stutter (to)	tartamudear
		temper (to lose)	perder la paciencia
intelligence	inteligencia		
learning problems	problemas de aprender (aprendizaje)	verbal expression	expresión verbal
		weaknesses	debilidades

Reading
and
Language Arts

F

Reading and Language Arts Terminology

abbreviation	abreviatura abreviación	consonants	consonantes
accent	acento	conversation	conversación
activity	actividad	demonstrative	demostrativo
adjective	adjetivo	description	descripción
adverb	adverbio	differences	diferencias
alphabet	alfabeto abecedario	diphthong	diptongo
announcement	aviso anuncio	discussion	discusión
antonym	antónimo	essay	ensayo
apostrophe	apóstrofe	exclamation point	punto de admiración
article	artículo	exercise	ejercicio
bookmark	marcador de libro	fable	fábula
capital letter	mayúscula letra grande	fairy tales	cuentos de hadas
chapter	capítulo	grammar	gramática
comma	coma	heading	encabezamiento
comparative	comparativo	homonym	homónimo
composition	composición	idea	idea
compound word	palabra compuesta	image	imagen
comprehension	comprensión	indefinite	indefinido
conjugation	conjugación	index	índice
conjunction	conjunción	infinitive	infinitivo
		interview	entrevista

language	lenguaje idioma	periodical	periódico
legend	leyenda	personal	personal
letter (message)	carta	phonemes	fonemas
letter (lower case)	minúscula letra pequeña	plural	plural
letter (upper case)	mayúscula	poem	poema
letters (of the alphabet)	letras	poetry	poesía
line (dotted)	línea de puntos	possessive	posesivo
list	lista	predicate	predicado
magazine	revista	prefix	prefijo
margin	margen	preposition	preposición
material	material	present	presente
modifier	modificador	presentation	presentación
narration	narración	pronoun	pronombre
newspaper	periódico	question	pregunta
noun	nombre	question mark	punto interrogante signo de interrogación
opposites	opuestos(as)	quotation	entre comillas
oral	oral	quotation marks	comillas
oral language	lenguaje oral	quote	cita
oral report	informe oral	reader (book)	libro de lectura
outline	bosquejo	reading	lectura
page	página	reasoning	razonamiento
pause	pausa	rhyme	rima
period	punto	riddle	adivinanza

root	raíz	suffix	sufijo
rules	reglas	summary	sumario resumen
saying	dicho	superlative	superlativo
sentence	oración frase	syllable	sílaba
sequence	secuencia	synonym	sinónimo
similarities	semejanzas	syntax	sintaxis
sound	sonido	text	texto
sound (unvoiced)	sonido sordo	theme	tema
sound (voiced)	sonido sonoro	title	título
speech	habla	translation	traducción
speech impediment	impedimento en el habla	verb	verbo
		vocabulary	vocabulario
		vowel	vocal
spelling	ortografía	workbook	libro de actividades
story	cuento		
subject	sujeto	written	escrito

Questions and Directions
(Tu Form)

Underline the words that end with _____ .	Subraya (Subrayen) las palabras que terminan en _____ .
Mark an X over the word that _____ .	Marca (Marquen) una X sobre la palabra que _____ .
Listen while the word is used in a sentence.	Escucha (Escuchen) mientras se usa la palabra en una oración.
Now someone use the word in the sentence.	Ahora alguien use esa palabra en una oración.
Tell me how these words are alike.	Dime (Díganme) cómo son iguales estas palabras.
Which picture shows the _____ ?	¿Qué retrato muestra el (la) _____ ?
How did the story end?	¿Cómo terminó el cuento?
When you are finished you may read.	Cuando termines (terminen) puedes (pueden) leer.
You may read the story to the class.	Puedes leer el cuento a los demás en la clase.
What does _____ start with?	¿Con qué empieza _____ ?
Look at the first row.	Mira (Miren) la primera hilera (fila).
You may draw a picture about your story.	Puedes (Pueden) dibujar un retrato de tu (su) cuento.
Look at the form this word has.	Fíjate (Fíjense) en la forma que tiene esta palabra.
Put your finger on top of the letter.	Pon (Pongan) tu (su) dedo encima de la letra.
Tell me your story the way you want me to write it.	Dime tu cuento cómo quieres que yo lo escriba.
What is the story about?	¿De qué se trata el cuento?

By yourselves, write _____ .	Solos, escriban _____ .
Write your name at the top of the page.	Escribe (Escriban) tu (su) nombre en la parte de arriba.
Put the sounds together and tell me the word.	Junta (Junten) los sonidos y dime (díganme) la palabra.
Pronounce the _____ .	Pronuncia (Pronuncien) el (la) _____ .
Read the sentence aloud (silently).	Lee (Lean) la oración en voz alta (en silencio).
Read the sentence that tells about ____ .	Lee (Lean) la oración que indica de ____ .
Can you tell us about _____ ?	¿Puedes (Pueden) decirnos de _____ ?
What do you think _____ .	¿Qué crees (creen) que _____ ?
Name some things that _____ .	Nombra (Nombren) algunas cosas que _____ .
Does anyone know what a ____ is?	¿Sabe alguien qué es un(a) _____ ?
I just read about _____ .	Acabo de leerles de _____ .
Let's see if you can find ____ .	Vamos a ver si ustedes pueden encontrar _____ .
Put your finger on the first letter.	Pon (Pongan) el dedo sobre la primera letra.
Write the letter that represents the first sound of the word.	Escribe (Escriban) la letra que representa el primer sonido de la palabra.
How are the words alike?	¿En qué se parecen las palabras?
Say the word.	Di (Digan) la palabra.
Trace each letter of the word with your finger.	Traza (Tracen) cada letra de la palabra con el dedo.
Circle the answer.	Encierra (Encierren) la respuesta con un círculo.

I am going to tell you a story.	Les voy a contar un cuento.
Today's story is about _____ .	El cuento de hoy se trata de _____ .
What do you hear?	¿Qué oyes (oyen)?
We're going to pretend _____.	Vamos a fingir _____ .
Turn back to page _____ .	Pasa (Pasen) a la página _____ .
I want you to read it to me.	Quiero que me lo leas.
Open your books.	Abran su libro.
Which of these things _____ ?	¿Cuáles de estas cosas _____ ?
I'm going to make some sounds.	Voy a hacer unos sonidos.
What comes first (second, last)?	¿Qué viene primero (segundo, al último)?
Where do you hear this sound: in the beginning, middle, or end?	¿Dónde oyes (oyen) este sonido: al principio, al medio, o al final?
Read page _____ .	Lee (Lean) la página _____ .
We're going to see how much you can remember.	Vamos a ver cuánto puedes (pueden) recordar.
We're going to listen to a story.	Vamos a escuchar una historia (un cuento).
Listen to the tape first.	Primero, escucha (escuchen) la cinta.
Show me the picture that shows what you hear.	Muéstrame (Muéstrenme) el dibujo que indica lo que oyes (oyen).

Verbs - Reading and Language Arts

alphabetize	colocar alfabéticamente	memorize	**memorizar**
associate	**asociar**	narrate	**narrar**
begin	**empezar**	paraphrase	**parafrasear**
comment	**comentar**	predict	**predecir**
communicate	**comunicar**	prepare	**preparar**
comprehend	**comprender**	pretend	**fingir**
copy	**copiar**	pronounce	**pronunciar**
dictate	**dictar**	read	**leer**
dramatize	**dramatizar**	recite	**recitar**
explain	**explicar**	recognize	**reconocer**
express	**expresar**	remember	**recordar**
follow instructions	**seguir instrucciones**	repeat	**repetir**
form	**formar**	rhyme	**rimar**
imagine	**imaginar**(se)	speak	**hablar**
indent	**endentar**	stutter	**tartamudear**
interpret	**interpretar**	summarize	**resumir**
leaf through	**hojear**	trace	**trazar rastrear**
listen	**escuchar**	underline	**subrayar**
locate	**localizar**	use	**utilizar**
mark	**marcar**	write	**escribir**

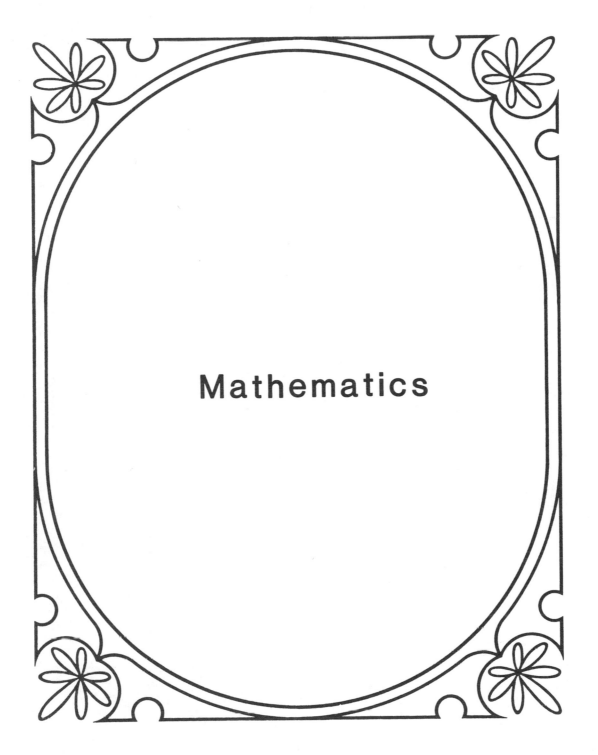

Mathematics

G

Mathematics Terminology

abacus	**ábaco**	century	**siglo**
acute angle	**ángulo agudo**	change (money)	**vuelta**
addend	**sumando**	circle	**círculo**
addition	**adición** **suma**	circle graph	**gráfica circular**
		circumference	**circunferencia**
algorithm	**algoritmo**	clock	**reloj**
all	**todo(s)**	closed surface	**superficie cerrada**
angle	**ángulo**	coin	**moneda**
answer	**respuesta**	column	**columna**
approximation	**aproximación**	column addition	**adición en columnas**
arc	**arco**		
area	**área**	comma	**coma**
associative	**asociativo(a)**	common divider	**divisor común**
average	**promedio**	common factor	**factor común**
axis	**eje**	common multiple	**múltiple común**
bar graph	**gráfica de barras**	commutative	**conmutativo**
base	**base**	compass	**compás**
basic combinations	**combinaciones básicas**	composite number	**número compuesto**
		cone	**cono**
bill	**cuenta**	congruent	**congruente**
breadth (width)	**anchura**	congruent lines	**líneas congruentes**
center	**centro**		
centimeters	**centímetros**	coordinate	**coordinado**

cost	**costo**	division	**división**
counting by ones to ...	**contando de uno en uno hasta ..**	divisor	**divisor**
counting by tens to ...	**contando de diez en diez hasta ..**	edge (intersection of two planes)	**arista borde**
counting by twos to ...	**contando de dos en dos hasta ..**	element	**elemento**
cube	**cubo**	ellipse	**elipse**
cubic units	**unidades cúbicas**	empty set	**conjunto vacío conjunto nulo**
curve	**curva**	equality	**igualdad**
cylinder	**cilindro**	equation	**ecuación**
day	**día**	equilateral triangle	**triángulo equilátero**
decade	**década**	equivalent fractions	**fracciones equivalentes**
decimal system	**sistema decimal**	equivalent sets	**conjuntos equivalentes**
denominator	**denominador**		
diagram	**diagrama**	estimation	**estimación**
diameter	**diámetro**	even number	**número par**
dice	**dados**	exponent	**exponente**
die	**dado**	exterior	**exterior**
difference	**diferencia**	face	**cara**
digit	**dígito cifra**	factor	**factor**
distance	**distancia**	factor tree	**árbol de factores**
dividend	**dividendo**	fifth (one)	**un quinto**
divisible	**divisible**	figure	**figura**

finite	**finito**	hour	**hora**
foot	**pie**	hundreds	**centenas**
formula	**fórmula**	hypotenuse	**hipotenusa**
fourth (one)	**un cuarto**	inch	**pulgada**
fraction	**fracción**	increase	**amplificación incremento**
fractional number	**número fraccionario**	inequality	**desigualdad**
function	**función**	infinite	**infinito**
geometry	**geometría**	inside (inner part)	**interior**
grade (measurement of angles)	**grado**	intersection	**intersección**
		interval	**intervalo**
gram	**gramo**	inverse operation	**operación inversa**
graph	**gráfica diagrama**	isosceles triangle	**triángulo isósceles**
greater than	**mayor que**	left	**izquierda**
grouping	**agrupación**	length	**longitud**
half (one)	**un medio**	less than	**menos que**
half hour	**media hora**	line segment	**segmento de recta**
hand (of a clock)	**manecilla mano**	lineal measure	**medida lineal**
		liquid	**líquido**
height	**altura**	liter	**litro**
hexagon	**hexágono**	longer	**más largo**
Hindu-Arabic numeral	**numeral indo-arábigo**	longest	**el (la) más largo(a)**
horizontal	**horizontal**	longitude	**longitud**

mean	**medio** **intermedio**	number sentence	**oración numérica**
measure	**medida**	number theory	**teoría de los números**
measurement	**medición**	number (a two digit number)	**número de dos dígitos**
meters	**metros**	numeral	**numeral**
method (three step) (long method) (short method)	**método (de tres pasos) (método largo) (método corto)**	numeration	**numeración**
		numerators	**numeradores**
metric system	**sistema métrico**	numerical tables	**tablas numéricas**
minus (-)	**menos**	odd number	**número impar**
minutes	**minutos**	one to one correspondence	**correspondencia de uno a uno**
mixed numeral	**numeral mixto**	ones	**unidades**
model	**modelo**	operation	**operación**
money	**dinero**	ordered pair	**par numérico par ordenado**
money (coins)	**monedas**		
multiple (common multiples)	**múltiplo (múltiplos comunes)**	ordinal numbers	**números ordinales**
		pairs	**pares**
multiplication	**multiplicación**	parallel	**paralelo**
natural number	**número natural**	parallelogram	**paralelogramo**
negative number	**número negativo**	parenthesis	**paréntesis**
none	**ninguno**	part	**parte**
number	**número**	pentagon	**pentágono**
number line	**recta numérica**	perimeter	**perímetro**

perpendicular	**perpendicular**	rectangle	**rectángulo**
place value	**valor de posición**	region	**región**
plane	**plano**	remainder	**residuo**
			restante
plus	**más**		
point	**punto**	right angle	**ángulo recto**
polygon	**polígono**	right triangle	**triángulo recto**
practice	**práctica**	Roman numerals	**números romanos**
prime factor	**factor primo**	ruler	**regla**
prime numbers	**números primos**	simple closed	**curva cerrada**
		curve	**simple**
prism	**prisma**		
probability	**probabilidad**	seconds	**segundos**
product	**producto**	segment	**segmento**
property	**propiedad**	semicircle	**semicírculo**
protractor	**transportador**	sequence	**secuencia**
pyramid	**pirámide**	set	**conjunto**
quadrilateral	**cuadrilátero**	shorter (space, time	**más corto**
quantity	**cantidad**	quantity)	
quarter hour	**cuarto de hora**	shorter (stature)	**más bajo**
quotient	**cociente**	shortest (space	**el (la) más**
		(quantity)	**corto(a)**
radius	**radio**		
ratio	**razón**	shortest (stature)	**el (la) más bajo(a)**
	proporción	side	**lado**
rays	**rayos**	signs (+,-)	**signos**
		solution	**solución**

some	algunos	thousand	mil
		one thousands	unidades de millar
space	espacio	ten thousands	decenas de millar
		hundred thousands	centenas de millar
sphere	esfera		
		times (x)	por
square	cuadrado		
		top to bottom	de arriba abajo
square root	raíz cuadrada		
		trapezoid	trapecio
subset	subconjunto		trapezoide
subtraction	substracción	triangle	triángulo
sum	suma	triangular	triangular
superset	superconjunto	union	unión
surface area	área de superficie	unit	unidad
symmetrical	simétrico(a)	value	valor
table	tabla	vertex	vértice
taller	más alto(a)	vertical	vertical
tallest	el (la) más alto(a)	volume	volumen
tangent	tangente	weight	peso
tens	decenas	whole number	número entero
tetrahedron	tetraedro	width (breadth)	anchura
theorem	teorema	yard	yarda
thirds	tercios		
one third	un tercio		
two thirds	dos tercios		

Days of the Week

Sunday	el domingo		Thursday	el jueves
Monday	el lunes		Friday	el viernes
Tuesday	el martes		Saturday	el sábado
Wednesday	el miércoles			

Months of the Year

January	enero		July	julio
February	febrero		August	agosto
March	marzo		September	septiembre
April	abril		October	octubre
May	mayo		November	noviembre
June	junio		December	diciembre

Telling Time

It's 1:00 (sharp). - **Es la una (en punto).**

It's 7:00 (sharp). - **Son las siete (en punto).**

It's 3:30. - **Son las tres y media.**

It's 10:15. - **Son las diez y cuarto.**
Son las diez y quince.

It's 4:45. - **Son las cinco menos cuarto.**

It's 2:40. - **Son las tres menos veinte.**

It's 6:25. - **Son las seis y veinticinco.**

Cardinal Numbers

0	cero		22	veintidós
1	uno		23	veintitrés
2	dos		24	veinticuatro
3	tres		25	veinticinco
4	cuatro		26	veintiséis
5	cinco		27	veintisiete
6	seis		28	veintiocho
7	siete		29	veintinueve
8	ocho		30	treinta
9	nueve		31	treinta y uno
10	diez		32	treinta y dos
11	once		40	cuarenta
12	doce		50	cincuenta
13	trece		60	sesenta
14	catorce		70	setenta
15	quince		80	ochenta
16	dieciséis		90	noventa
17	diecisiete		100	ciento
18	dieciocho		101	ciento uno
19	diecinueve		200	doscientos
20	veinte		300	trescientos
21	veintiuno		400	cuatrocientos

500	quinientos		800	ochocientos
600	seiscientos		900	novecientos
700	setecientos		1000	mil

Ordinal Numbers

1	primero(a)		20	vigésimo(a)
2	segundo(a)		30	trigésimo(a)
3	tercero(a)		40	cuadragésimo(a)
4	cuarto(a)		50	quincuagésimo(a)
5	quinto(a)		60	sexagésimo(a)
6	sexto(a)		70	septuagésimo(a)
7	séptimo(a)		80	octogésimo(a)
8	octavo(a)		90	nonagésimo(a)
9	noveno(a)		100	centésimo(a)
10	décimo(a)		200	ducentésimo(a)
11	undécimo(a)		300	tricentésimo(a)
12	duodécimo(a)		400	cuadrigentésimo(a)
13	decimotercero(a)		500	quingentésimo(a)
14	decimocuarto(a)		600	sexcentésimo(a)
15	decimoquinto(a)		700	septingentésimo(a)
16	decimosexto(a)		800	octingentésimo(a)
17	decimoséptimo(a)		900	noningentésimo(a)
18	decimoctavo(a)		1000	milésimo(a)
19	decimonoveno(a)			

Questions and Directions
(Tú Form)

Circle the correct answer.	Encierra (Encierren) la respuesta correcta.
Complete these number sentences.	Completa (Completen) estas oraciones numéricas.
Read these problems.	Lee (Lean) estos problemas.
Find the rule.	Encuentra (Encuentren) la regla.
Write the equations to solve these problems.	Escribe (Escriban) las ecuaciones para resolver estos problemas.
Observe the signs.	Observa (Observen) los signos.
Can you finish these problems?	¿Puedes (Pueden) completar estos problemas?
Write the value of each set.	Escribe (Escriban) el valor de cada conjunto.
Mark the set.	Marca (Marquen) el conjunto.
Circle the set of _____ .	Encierra (Encierren) el conjunto de _____.
Draw lines to match the objects of the sets.	Dibuja (Dibujen) líneas para igualar los objetos de los conjuntos.
Mark the set that has more _____ .	Marca (Marquen) el conjunto que tiene más _____ .
How many are there in all?	¿Cuántos hay en total?
Circle the number that makes the number sentence true.	Encierra (Encierren) el número que hace que la oración numérica sea verdadera.
How are they alike?	¿En qué son semejantes?
How are they different?	¿En qué son diferentes?

Write the sums or differences.	Escribe (Escriban) las sumas o diferencias.
Draw the diagram to show _____ .	Dibuja (Dibujen) un diagrama para mostrar_____ .
Circle the correct answer.	Encierra (Encierren) la repuesta correcta.
Write the missing numbers.	Escribe (Escriban) los números que faltan.
Write the number that is 10 more (less) than _____ .	Escribe (Escriban) el número que es diez más (menos) que _____ .
Write the number on the line.	Escribe (Escriban) el número en la línea.
Write the numbers in order.	Escribe (Escriban) los números en orden.
Write the numbers that come after (before) these numbers.	Escribe (Escriban) los números que vienen después (antes) de estos números.
Solve the equations for each set.	Resuelve (Resuelvan) las ecuaciones para cada conjunto.
Complete the number table.	Completa (Completen) esta tabla numérica.
Write the missing sum or addend.	Escribe (Escriban) la suma o el sumando que falta.
How many more are needed?	¿Cuántos más se necesitan?
How many are left?	¿Cuántos te (les) quedan?
What is the difference between _____ ?	¿Cuál es la diferencia entre _____ ?
Draw lines to match the numerals that represent the same number.	Dibuja (Dibujen) líneas para aparear los numerales que representan el mismo número.
Write the points of an intersection between _____ .	Escribe (Escriban) los puntos de intersección entre _____ .

Circle the numbers that can be divided without a remainder.

Encierra (Encierren) los números que pueden dividirse sin que haya residuo.

Divide into _____ .

Divide (Dividan) entre _____ .

Write the letter that corresponds to the angle that has the same measurement.

Escribe (Escriban) la letra que corresponde al ángulo que tenga la misma medida.

Write the name of each part of the figure.

Escribe (Escriban) el nombre de cada parte de la figura.

Draw a circumference that has a radius of _____ centimeters.

Dibuja (Dibujen) una circunferencia que tenga un radio de _____ centímetros.

Color half of each region.

Colore (Coloren) la mitad de cada región.

Color half of the objects in each set.

Colore (Coloren) la mitad de los objetos en cada conjunto.

Color one-fourth of each region.

Colore (Coloren) un cuarto de cada región.

Circle half the objects in each set.

Encierra (Encierren) la mitad de los objetos que hay en cada grupo.

Write the fraction that corresponds to the colored part of each region.

Escribe (Escriban) las fracción que corresponde a la parte coloreada de cada región.

Write the fractions that complete these sentences.

Escribe (Escriban) las fracciones que completan estas oraciones.

Use the number table to help you solve the problems.

Usa (Usen) la tabla numérica para ayudarte(les) a resolver los problemas.

Use the example to help you complete the table.

Usa (Usen) el ejemplo para ayudarte(les) a completar la tabla.

Write the amount of money using the dollar sign.

Escribe (Escriban) la cantidad de dinero, utilizando el signo de dólares.

Write the total cost of _____ .

Name three coins that could be used to
   pay for an article that costs _____ .

If you buy _____ that costs _____
   and you pay _____, your change
   will be _____ .

How many objects are there in three
   dozen?

How many weeks are there in 14 days?
   28 days?

How many hours are in one day?

How many quarter liters are in one liter?

How many half-centimeters are there in
   one centimeter?

Escribe (Escriban) el costo total
   de _____ .

Nombra (Nombren) tres monedas que
   podrías (podrían) emplear para pagar un
   artículo que cuesta _____.

Si compras (compran)_____ que cuesta_____
   y pagas (pagan)_____,
   la vuelta será _____ .

¿Cuántos objetos hay en tres docenas?

¿Cuántas semanas hay en catorce días?
   veintiocho días?

¿Cuántas horas hay en un día?

¿Cuántos cuartos de litro hay en un litro?

¿Cuántos medio centímetros hay en un
   centímetro?

_____
_____
_____
_____
_____
_____
_____
_____
_____
_____
_____
_____
_____
_____

Verbs - Mathematics

add	sumar	list	listar
annotate	anotar	look for	buscar
answer	contestar	mark	marcar
bisect	bisectar	measure	medir
borrow	pedir prestado	multiply	multiplicar
calculate	calcular	name	nombrar
carry	llevar	observe	observar
choose	escoger	put together	juntar
circle	encerrar circular	reduce (a fraction)	simplificar
copy	copiar	resolve	resolver
complete	completar	regroup	reagrupar
contain	contener	round	redondear
count	contar	show	mostrar
decipher	descifrar	solve	solucionar
divide	dividir	study	estudiar
divide in half	demediar	subtract	restar
equivalent (to be)	equivaler	take away	quitar restar
estimate	estimar		
find	hallar	underline	subrayar
increase	aumentar	utilize	utilizar
intersect	intersectarse cortar cruzar	write	escribir

Units
of
Study

H

Colors

black	**negro**	pink	**rosado**
blue	**azul**	purple	**morado**
brown	**marrón** **color café**	red	**rojo** **colorado**
gray	**gris** **plomo**	white	**blanco**
green	**verde**	yellow	**amarillo**
orange	**anaranjado**		

The Family

aunt	**tía**	grandson	**nieto**
baby	**bebé, beba**	husband	**esposo**
brother	**hermano**	mother (to her children)	**mamá**
child	**niño(a)**	mother-in-law	**suegra**
cousin	**primo(a)**	nephew	**sobrino**
daughter	**hija**	niece	**sobrina**
daughter-in-law	**nuera**	parents	**padres**
father (to his children)	**papá**	relatives	**parientes**
father-in-law	**suegro**	sister	**hermana**
godfather	**padrino**	son	**hijo**
godmother	**madrina**	son-in-law	**yerno**
granddaughter	**nieta**	stepson or stepdaughter	**hijastro(a)**
grandfather	**abuelo, abuelito**	uncle	**tío**
grandmother	**abuela, abuelita**	wife	**esposa**

The City

bakery	la panadería	industry	la industria
bank	el banco	jewelery store	la joyería
barbershop	la barbería	laundry	la lavandería
beauty parlor	el salón de belleza	library	la biblioteca
bench	el banco	mailbox	el buzón
bookstore	la librería	museum	el museo
butcher shop	la carnicería	park	el parque
church	la iglesia	pharmacy	la farmacia
drug store	la farmacia	post office	el correo
dry cleaners	la tintorería	school	la escuela
factory	la fábrica	shoe repair	la zapatería
fire station	la estación de bomberos	sporting goods store	la tienda de deportes
fish market	la pescadería	stop light	el semáforo
fountain	la fuente	store	la tienda
furniture store	la mueblería	store, department	el almacén
gas station	la estación de gasolina	street	la calle
hardware store	la ferretería	supermarket	el supermercado
hospital	el hospital	travel agency	la agencia de viajes

Government

country (territory of a nation)	**el país**	population	**la población**
		president	**el presidente**
culture	**la cultura**	senator	**el senador**
development	**el desarrollo**	state	**el estado**
election	**la elección**	territory	**el territorio**
government	**el gobierno**	work	**el trabajo**
mayor	**el alcalde**		

Occupations

cook	**cocinero(a)**	principal	**director(a)**
doctor	**médico(a)**	salesperson	**vendedor(a)**
laborer	**obrero(a)**	secretary	**secretario(a)**
letter carrier	**cartero(a)**	teacher	**maestro(a) profesor(a)**
fire fighter	**bombero(a)**		
fisherman	**pescador(a)**	trash collector	**basurero(a)**
police officer	**el (la) policía**	workers	**trabajadores**

Seasons

spring	**la primavera**	autumn	**el otoño**
summer	**el verano**	winter	**el invierno**

Nature

air	el aire	grass	la hierba el césped
ants	las hormigas	gulf	el golfo
beach	la playa	heat	el calor
bee hive	la colmena	hill	el cerro la colina
bees	las abejas		
clouds	las nubes	honey	la miel
coast	la costa	ice	el hielo
cold	el frío	insect	el insecto
country (opposite of city)	el campo	island	la isla
		lake	el lago
day	el día	leaves	las hojas
earth	la tierra	light	la luz
electricity	la electricidad	liquid	el líquido
elevation	la elevación	Milky Way	la Vía Láctea
fire	el fuego	moon	la luna
flood	la inundación	mountain	la montaña
flower	la flor	mouth of a river	la desemboca- dura del río
fog	la niebla la neblina	night	la noche
garden	el jardín	plant	la planta
garden (vegetable)	la huerta	pond	el estanque
		rain	la lluvia
gas	el gas	river	el río

root	la raíz	stars	las estrellas
sea	el mar	sun	el sol
season	la estación	trunk	el tronco
seed	la semilla	valley	el valle
snow	la nieve	vapor	el vapor
snowflakes	los copos de nieve	water	el agua
		waves	las olas
solid	el sólido	wind	el viento
source of a river	el nacimiento del río	wings	las alas

Animals

Farm Animals

bull	el toro	hen	la gallina
chick	el pollito	horse	el caballo
cow	la vaca	insects	los insectos
donkey	el burro	lamb	el cordero
duck	el pato	pig	el cerdo el puerco
frog	la rana	rooster	el gallo
goat	la cabra	sheep	la oveja

Zoo Animals

alligator	**el caimán**	kangaroo	**el canguro**
bear	**el oso**	lion	**el león**
buffalo	**el búfalo**	lizard	**el lagarto**
camel	**el camello**	llama	**la llama**
deer	**el venado**	monkey	**el mono**
elephant	**el elefante**	panther	**la pantera**
fish	**el pez**	rhinoceros	**el rinoceronte**
fox	**el zorro** **la zorra**	skunk	**el zorrillo**
		snake	**la culebra**
giraffe	**la jirafa**	tiger	**el tigre**
goose (gander)	**la gansa** (el ganso)	wolf	**el lobo**
hippopotamus	**el hipopótamo**	zebra	**la cebra**

Pets

bird	**el pájaro**	hamster	**la marmota de Alemania**
cat	**el gato**		
dog	**el perro**	rabbit	**el conejo**
fish	**el pez**		

Toys

ball	la pelota	kite	la cometa
bicycle	la bicicleta	puppet	el títere
car	el carrito	skates	los patines
doll	la muñeca	teddy bear	el osito
drum	el tambor	trumpet	la trompeta

Transportation

aircraft carrier	el portaaviones	train	el tren
airplane	el avión	sails	las velas
boat	el barco	ship	el barco
bus	el autobús	submarine	el submarino
car	el coche el carro	truck	el camión
		wheels	las ruedas

Raw Materials and Products

cloth	la tela	minerals	los minerales
copper	el cobre	oil	el aceite
gasoline	la gasolina	petroleum	el petróleo
glass	el cristal	silver	la plata
gold	el oro	wood	la madera

Food

bread	**el pan**	eggs	**los huevos**
bread (sweet)	**el pan dulce**	food	**la comida**
butter	**la mantequilla**	ice cream	**el helado**
cake	**el pastel** **la torta**	milk	**la leche**
		pie	**el pastel**
cereal	**el cereal**	salt and pepper	**sal y pimienta**
cheese	**el queso**	sauce	**la salsa**
chocolate	**el chocolate**	soup	**la sopa**
coffee	**el café**	sugar	**el azúcar**
cookies	**las galletas**	tortillas (of corn, flour)	**las tortillas (de maíz, harina)**
crackers	**las galletas saladas**		

Meat

bacon	**el tocino**	hamburger	**la hamburguesa**
beef	**la carne de vaca**	lamb	**la carne de cordero**
chicken	**el pollo**		
chop	**la chuleta**	meat	**la carne**
fillet	**el filete**	pork	**la carne de cerdo**
fish	**el pescado**	sausage	**la salchicha** **el chorizo**
ham	**el jamón**	steak	**el biftec**

116

Fruit

apple	la manzana	guava	la guayaba
apricot	el albaricoque el chabacano el damasco	lemon	el limón
		orange	la naranja
banana	el plátano	peach	el durazno
cherry	la cereza	pear	la pera
fig	el higo	pineapple	la piña
fruit	la fruta	plum	la ciruela
grapefruit	la toronja	strawberries	las fresas
grapes	las uvas		

Vegetables

avocado	el aguacate la palta	onion	la cebolla
		peas	los chícharos las arvejas
beans (shell)	los frijoles		
beans (string)	los ejotes las habichuelas verdes	potatoes	las papas
		potato (sweet)	el camote
beets	los betabeles las remolachas	pumpkin	la calabaza
		rice	el arroz
cauliflower	la coliflor	squash	la calabaza
celery	el apio	tomato	el tomate
chile	el chile	vegetables	las legumbres las verduras los vegetales
corn	el maíz		
lettuce	la lechuga		

Meals

breakfast	el desayuno	dinner	la cena
lunch	el almuerzo	snack	el bocadillo

The House - Parts and Furnishings

bathroom	**el cuarto de baño**	living room	**la sala**
bed	**la cama**	patio	**el patio**
bedroom	**la recámara** **la alcoba**	radio	**el radio**
carpet	**la alfombra**	refrigerator	**el refrigerador**
chair	**la silla**	roof	**el techo**
chair (arm)	**el sillón**	sofa	**el sofá**
chimney	**la chimenea**	stairs	**la escalera**
dining room	**el comedor**	stove	**la estufa**
door	**la puerta**	telephone	**el teléfono**
floor	**el piso** **el suelo**	television	**la televisión**
		wall	**la pared**
kitchen	**la cocina**	window	**la ventana**
lamp	**la lámpara**	yard	**el cercado** **el patio**

Household Utensils and Supplies

broom	**la escoba**	glass	**el vaso**
coffee pot	**la cafetera**	iron	**la plancha**
cup	**la taza**	knife	**el cuchillo**
dustpan	**la pala de** **recoger basura**	mop	**el estropajo** **el trapeador**
fork	**el tenedor**	napkin	**la servilleta**
frying pan	**la sartén**	plate	**el plato**

pot	la olla	tablecloth	el mantel
saucer	el platillo	tablespoon	la cuchara
spoon	la cuchara	teaspoon	la cucharilla
sugar bowl	el azucarero	toaster	el tostador

Clothing and Accessories

belt	el cinturón	purse	la bolsa
blouse	la blusa	raincoat	el impermeable el abrigo de aguas
boots	las botas	ribbon	la cinta
clothing	la ropa	scarf	la bufanda la chalina
coat, (jacket) (overcoat)	el saco el abrigo	shirt	la camisa
dress	el vestido	shoes	los zapatos
gloves	los guantes	shorts	los pantalones cortos
handkerchief	el pañuelo	skirt	la falda
hat	el sombrero	socks	los calcetines
hem	el dobladillo	stockings	las medias
jacket	la chaqueta la chamarra	suit	el traje
necklace	el collar	sweater	el suéter
necktie	la corbata	tennis shoes	los zapatos de tenis
pajamas	las pijamas	tie	la corbata
pants	los pantalones	umbrella	el paraguas
pocket	el bolsillo	underwear	la ropa interior

Please call 1-800-633-5544

for

● product information

● a catalog

We look forward to

serving you.

Ammie Enterprises
Post Office Box 151
Fallbrook, CA 92088-0151